# Semillas del Despertar

Serie bilingüe de instrucciones para la práctica, en inglés y español

# Chenrezik: Por el bien de los seres

## Khenpo Karthar Rinpoché

Editorial Albricias, México DF, México
KTD Publications, Woodstock, New York, USA

Coeditado por KTD Publications y Editorial Albricias

KTD Publications
335 Meads Mountain Road
Woodstock, NY 12498, USA
ktdpublications@kagyu.org
www.KTDPublications.com

Editorial Albricias
Segunda Cerrada de Duraznos 3-58B
San Juan Totoltepec
México, 53270
editorialalbricias@gmail.com
www.editorialalbricias.com

Caligrafía HRĪḤ, página i, por Su Santidad el 17º Karmapa, Ogyen Trinley Dorje

Semillas del Despertar es una colección bilingüe de instrucciones para la práctica, concisas y claras, de maestros budistas altamente cualificados, en inglés y español.

Del texto en inglés *Chenrezik: For the Benefit of All Beings,* © 2014 Khenpo Karthar Rinpoché, Karma Triyana Dharmachakra. Todos los derechos reservados.

Título en español: *Chenrezik: Por el bien de los seres*
Primera edición 2014

De la traducción del inglés al español, © Instituto Budadharma

De la traducción del tibetano al español de la sādhana *El bien de los seres que llena el espacio,* © Lama Jinpa Gyamtso (Ángel Vidal)

ISBN 978-1-934608-48-7
LCCN: 2014937020

Impreso en EUA en papel 100% PCR, libre de ácido

# Índice

# Introducción

En julio de 2013, estudiantes provenientes de 12 países viajaron desde distintas partes del mundo a Woodstock, Nueva York, para asistir al primer retiro de habla hispana en el monasterio Karma Triyana Dharmachakra (KTD). Durante ocho días se escucharon en el templo las resonancias de la lengua tibetana y el castellano, cuando Khenpo Karthar Rinpoché otorgaba la iniciación y las instrucciones para la práctica de Chenrezik a los 60 estudiantes reunidos ahí, que asistían a las diferentes sesiones de enseñanzas y práctica a lo largo del día. Las enseñanzas que se presentan en este libro son las que Khenpo Karthar Rinpoché ofreció en esa ocasión.

Como el retiro en sí mismo, este libro bilingüe reúne a dos de las más grandes comunidades de hablantes de este continente, en un espacio lleno de las bendiciones del Gyalwang Karmapa. La práctica de Chenrezik fue elegida como el foco central de este retiro por Su Santidad el 17° Karmapa, quien alentó a sus discípulos de habla hispana a organizar un peregrinaje-retiro a KTD, su sede norteamericana en Woodstock. Asimismo, gracias a su bendición, el presente volumen aparece como el primero de esta colección de textos bilingües, una producción conjunta de KTD Publications y Editorial Albricias, titulada

"Seeds of Awakening/Semillas del Despertar" por Su Santidad mismo.

Dedicamos esta publicación a su larga vida y al florecimiento de todas sus actividades de Dharma. Que sus actividades beneficien completamente a los hablantes de todos los idiomas de todas partes.

# Biografía
## de Khenpo Karthar Rinpoché

*Khenpo Karthar Rinpoché ha realizado esfuerzos extraordinarios para propagar el budismo en muchos países en Oriente y Occidente. Es digno de reconocimiento porque realmente ha creado las causas para la felicidad presente y futura de muchos seres. Ello es un motivo de regocijo para mí y hago la aspiración de que cada acto de bondad pueda expandirse como la luna llena.*

El 17º Karmapa, Ogyen Trinley Dorje

Khenpo Karthar Rinpoché es reconocido y admirado por su inmensa devoción que no conoce límites, su presteza inquebrantable al llevar a cabo las tareas que le confía el Karmapa –pese a dificultades y obstáculos espantosos–, sus logros en mahāmudrā, su maestría en todas las artes monásticas, su ética pura y su moralidad impecable, y por ser un erudito brillante y un maestro hábil e inspirador.

Rinpoché nació en Kham en el este del Tíbet, al amanecer de un Día de Mahākāla, el 29º día del segundo mes del Año del Ratón de Madera (1924). Ese día, muy temprano por la mañana, inmediatamente después de que la madre de Rinpoché fuera en busca de agua al arroyo y la trajera en un contenedor lleno sobre su espalda, Rinpoché nació sin provocarle dolor alguno. De acuerdo con la tradición tibetana, todas estas circunstancias especiales indicaban un nacimiento muy auspicioso.

El padre de Rinpoché era un practicante devoto de Mañjuśrī que acostumbraba irse a dormir recitando el *Mañjuśrīnāmasaṃgīti* y al despertar sencillamente continuaba recitándolo. Cuando Rinpoché era todavía un niño pequeño, su padre le enseñó a leer y escribir, y a estudiar y memorizar textos de Dharma.

A la edad de doce años entró al Monasterio Thrangu en Tso-Ngen, en el este del Tíbet. Durante los seis años siguientes Rinpoché permaneció estudiando y practicando en este monasterio. Cuando llegó a los dieciocho años de edad, fue al Monasterio de Tsurphu a visitar la sede de Su Santidad el 16º Karmapa. Debido a que Su Santidad no tenía aún la edad suficiente para otorgar los votos de ordenación completa, Rinpoché recibió sus votos de gelong (monje completamente ordenado) del 11º Tai Situ Rinpoché en el Monasterio Palpung.

Rinpoché regresó al Monasterio Thrangu y participó ahí en el yarnay anual (retiro tradicional durante la temporada de lluvias). Inmediatamente después se incorporó al retiro del grupo Vairochana de un año de duración, que era una actividad especial del Monasterio Thrangu. Cuando terminó ese retiro, Rinpoché estaba muy entusiasmado en participar en el tradicional retiro de tres años que empezaría poco después.

Después de terminar el retiro de tres años, Rinpoché expresó su sincero deseo de permanecer en retiro por el resto de su vida, sin embargo el 8º Traleg Rinpoché le aconsejó enfáticamente que saliera para recibir transmisiones del 2º Jamgon Kongtrul Rinpoché y reunirse con Thrangu Rinpoché y otros lamas en la shedra (colegio monástico) recientemente creada en el Monasterio Thrangu. Traleg Rinpoché sintió que Khenpo Rinpoché había alcanzado profundos logros espirituales y realizaciones en sus años de retiro y que esta educación posterior sería de un beneficio enorme para muchos estudiantes en el futuro. El 2º Jamgon Kongtrul Rinpoché, el 8º Traleg Rinpoché y el 16º Karmapa son los principales maestros de Khenpo Rinpoché.

A finales de la década de 1950, la amenaza de los comunistas chinos estaba creando una situación cada vez más peligrosa para el pueblo tibetano. En 1958 Rinpoché dejó el Monasterio Thrangu junto con Thrangu Rinpoché, Zuru Tulku Rinpoché y el 9º Traleg Rinpoché de tres años de edad. Con unos cuantos caballos y escasas provisiones comenzaron su larga travesía. Dos semanas después se dieron cuenta de que estaban rodeados por soldados comunistas. Lograron escapar y después de dos meses y medio llegaron al Monasterio Tsurphu. Su Santidad el 16º Gyalwang Karmapa sabía que estaban en peligro y les dijo que debían salir inmediatamente para Sikkim. Les dio las provisiones necesarias y en marzo de 1959 los lamas salieron de Tsurphu. El grupo llegó rápidamente a la frontera y se dirigió a Buxador donde el gobierno indio había establecido un campo de refugiados. A causa del calor y las condiciones insalubres, las enfermedades se propagaron rápidamente por todo el campamento y después de ocho años de vivir ahí Rinpoché cayó gravemente enfermo.

En 1967 Rinpoché fue al Monasterio de Rumtek en Sikkim, la sede de Su Santidad el Karmapa en India, donde impartió enseñanzas. Siguió después, también como maestro, a Tilokpur, un convento de monjas en Himachal Pradesh, fundado por Su Santidad y Gelongma Palmo. Más tarde Rinpoché viajó al Monasterio Tashi Jong donde recibió la iniciación, transmisión y enseñanzas Dam Ngak Dzo, de Dilgo Khyentse Rinpoché, y de ahí viajó al Monasterio Tashi Choling en Bután. Desafortunadamente, la salud de Rinpoché continuó agravándose y lo condujo a una estancia larga y difícil en el hospital. A su regreso a Rumtek en 1975 recibió el título de Chodje-Lama, "Maestro Superior de Dharma", de Su Santidad el 16º Gyalwang Karmapa.

A lo largo de muchos años Rinpoché había estado enfermo de tuberculosis y en ese momento estaba a punto de morir. Entonces preguntó a Su Santidad el 16º Karmapa si podía entrar en retiro por el resto de su vida. En respuesta, Su Santidad pidió a Rinpoché que fuera a Estados Unidos en su representación para fundar Karma Triyana Dharmachakra, la sede de Su Santidad en Norteamérica. Al principio la visa no le fue concedida debido a su enfermedad, pero poco después obtuvo una visa especial que le permitía entrar a Estados Unidos para recibir tratamiento médico específicamente. Rinpoché abordó un avión en febrero de 1976 y ese sería el inicio de una vida diferente como maestro de Dharma en una cultura y en un ambiente remotamente distintos a los de su Tíbet natal.

Cuando Rinpoché llegó a la Ciudad de Nueva York fue recibido por Tenzin Chony y Lama Yeshe Losal. De inmediato fue llevado a un hospital en Nueva York, donde permaneció un mes recibiendo tratamiento. Le tomó un año más recuperar su salud y su fuerza.

Años más tarde, cuando Su Santidad el 16º Karmapa visitó Estados Unidos, Rinpoché le expresó su gratitud por haberle salvado la vida. Su Santidad respondió a Rinpoché que si hubiera permanecido en India hubiera muerto, sin duda. Después de su recuperación inicial, Rinpoché junto con Tenzin Chony, Lama Losal, Lama Ganga y Yeshe Namdak, se mudó a una casa en Putnam County que había ofrecido el Dr. Shen. Desde ahí, Rinpoché viajaba a la ciudad de Nueva York una vez por semana para ofrecer enseñanzas en lo que sería más tarde uno de los primeros KTC (Centro Karma Thegsum Chöling) en Estados Unidos.

En 1977 comenzó la búsqueda de un lugar permanente para la sede del Gyalwang Karmapa en América. Su Santidad había indicado a Khenpo Rinpoché que el nuevo centro debía abrirse el día auspicioso de Saga Dawa en 1978. Al inicio de ese mismo año encontraron una propiedad adecuada y compraron la Mead House, en la cima de una montaña en Woodstock, Nueva York. El día que Karma Triyana Dharmachakra se abrió fue exactamente (el 15º día del 4º mes del calendario tibetano; mayo 25, 1978) el día que Su Santidad el 16º Karmapa había pedido a Rinpoché que lo hiciera.

Desde entonces, Khenpo Karthar Rinpoché ha estado enseñando continuamente, en un estilo cálido y directo que transmite la sabiduría compasiva del linaje Kagyu. Abad de KTD y maestro de retiros del Centro de Retiros de tres años Karme Ling, Rinpoché tiene innumerables estudiantes devotos a quienes enseña el Dharma y guía con generosidad, compasión y sabiduría infinitas. Después de casi cincuenta años de difundir el Dharma fuera del Tíbet, Rinpoché ha producido una prolífica obra publicada en inglés, español y chino. Está publicada también su biografía, *Amrita de elocuencia*, un brillante relato de la vida de Khenpo Karthar Rinpoché, escrito por Lama Karma Drodul, a petición de Lodroe Nyima Rinpoché para el Monasterio Thrangu en el este del Tíbet. Su namthar (biografía espiritual) está disponible en inglés y chino.

*Maestros de esta talla están siendo cada vez más raros que una estrella en el mediodía de un cielo estival.*                               El 9º Traleg Rinpoché

# Sādhana de Chenrezik
*El bien de los seres que llena el espacio*

ༀ། །སངས་རྒྱས་ཆོས་དང་ཚོགས་ཀྱི་མཆོག་རྣམས་ལ།

SANGYE CHÖDANG TSOGKYI CHOGNAM LA

Me refugio en el Buddha, el Dharma

།བྱང་ཆུབ་བར་དུ་བདག་ནི་སྐྱབས་སུ་མཆི།

JANGCHUB BARDU DANI KYABSU CHI

y la Sangha suprema hasta que alcance la iluminación.

།བདག་གིས་སྦྱིན་སོགས་བགྱིས་པའི་བསོད་ནམས་ཀྱིས།

DAGUI JINSOG GYIPE SÖNAM KYI

Para el bien de los seres, pueda realizar la buddheidad

།འགྲོ་ལ་ཕན་ཕྱིར་སངས་རྒྱས་འགྲུབ་པར་ཤོག

DROLA PENCHIR SANGYE DRUBPAR SHOG (3x)

por el mérito de practicar la generosidad y demás virtudes. (3x)

།བདག་སོགས་མཁའ་ཁྱབ་སེམས་ཅན་གྱི།

DASOG KACHAB SEMCHEN GYI

Una HRĪḤ sobre un loto blanco y una luna

།སྤྱི་གཙུག་པད་དཀར་ཟླ་བའི་སྟེང་།

CHITSUG PEKAR DAWE TENG

por encima de mi cabeza y la de los demás seres que llenan el espacio,

ཧྲཱིཿ ལས་འཕགས་མཆོག་སྤྱན་རས་གཟིགས།

HRI LE PAGCHOG CHENREZIK

deviene en el noble y sublime Avalokita.

།དཀར་གསལ་འོད་ཟེར་ལྔ་ལྡན་འཕྲོ།

KARSAL ÖSER NGADEN TRO

Es blanco y brillante e irradia luz de cinco colores.

།མཛེས་འཛུམ་ཐུགས་རྗེའི་སྤྱན་གྱིས་གཟིགས།

DSEDSUM TUGJE CHENGYI SIG

Hermoso y sonriente, mira con ojos compasivos.

2

།ཕྱག་བཞིའི་དང་པོས་ཐལ་སྦྱར་མཛད།

CHAGSHI DANGPO TALJAR DSE

Tiene cuatro brazos: los dos primeros juntan las manos,

།འོག་གཉིས་ཤེལ་ཕྲེང་པད་དཀར་བསྣམས།

OGÑI SHELTRENG PEKAR NAM

los dos inferiores sostienen un mala de cristal y un loto blanco.

།དར་དང་རིན་ཆེན་རྒྱན་གྱིས་སྤྲས།

DARDANG RINCHEN GYENGYI TRE

Engalanado con adornos de sedas y joyas

།རི་དྭགས་ལྤགས་པའི་སྟོད་གཡོགས་གསོལ།

RIDAG PAGPE TÖYOG SOL

lleva una prenda superior de piel de antílope,

།འོད་དཔག་མེད་པའི་དབུ་རྒྱན་ཅན།

ÖPA MEPE UGYEN CHEN

y Amitābha corona su cabeza.

།ཞབས་གཉིས་རྡོ་རྗེའི་སྐྱིལ་ཀྲུང་བཞུགས།

SHABÑI DORJE KYILTRUNG SHUG

Tiene las dos piernas cruzadas en la postura vajra

།དྲི་མེད་ཟླ་བར་རྒྱབ་བརྟེན་པ།

DRIME DAWAR GYAB TENPA

y apoya la espalda en una luna inmaculada.

།སྐྱབས་གནས་ཀུན་འདུས་ངོ་བོར་གྱུར།

KYABNE KÜNDÜ NGOWOR GYUR

Personifica la suma de todas las fuentes de refugio.

*(Recitar a partir de aquí:)*

།ཇོ་བོ་སྐྱོན་གྱིས་མ་གོས་སྐུ་མདོག་དཀར།

JOWO KYÖNGYI MAGÖ KUDOG KAR

Señor de blanca figura no manchado por defecto alguno,

Sādhana de Chenrezik

རྫོགས་སངས་རྒྱས་ཀྱིས་དབུ་ལ་བརྒྱན།

DSOG SANGYE KYI ÜLA GYEN
tu cabeza adornada con un buddha perfecto,

ཐུགས་རྗེའི་སྤྱན་གྱིས་འགྲོ་ལ་གཟིགས།

TUGJE CHENGYI DROLA SIG
Avalokita, que miras a los seres

སྤྱན་རས་གཟིགས་ལ་ཕྱག་འཚལ་ལོ།

CHENREZIK LA CHAGTSAL LO
con ojos compasivos, ante ti me postro. *(Repetir esto al menos 3 veces)*

འཕགས་པ་སྤྱན་རས་གཟིགས་དབང་དང་།

PAGPA CHENREZIK WANG DANG
Ante el Noble Avalokiteśvara

ཕྱོགས་བཅུ་དུས་གསུམ་བཞུགས་པ་ཡི།

CHOGCHU DÜSUM SHUGPA YI
y todos los victoriosos y sus hijos

རྒྱལ་བ་སྲས་བཅས་ཐམས་ཅད་ལ།

GYALWA SECHE TAMCHE LA
en las diez direcciones y los tres tiempos

ཀུན་ནས་དང་བས་ཕྱག་འཚལ་ལོ།

KÜNNE DANGWE CHAGTSAL LO
me postro con total admiración.

མེ་ཏོག་བདུག་སྤོས་མར་མེ་དྲི།

METOG DUGPÖ MARME DRI
Ofrezco flores, incienso, lámparas, perfumes,

ཞལ་ཟས་རོལ་མོ་ལ་སོགས་པ།

SHALSE ROLMO LASOG PA
comida, música y otras cosas,

4

།དངོས་འབྱོར་ཡིད་ཀྱིས་སྤྲུལ་ནས་འབུལ།

NGÖJOR YIKYI TRULNE BUL

tanto reales como emanadas por la mente.

།འཕགས་པའི་ཚོགས་ཀྱིས་བཞེས་སུ་གསོལ།

PAGPE TSOGKYI SHESU SOL

Asamblea de nobles, les ruego que las acepten.

།ཐོག་མ་མེད་ནས་ད་ལྟའི་བར།

TOGMA MENE DATE BAR

Desecho todas las malas acciones

།མི་དགེ་བཅུ་དང་མཚམས་མེད་ལྔ།

MIGUE CHUDANG TSAMME NGA

–las diez no virtuosas y las cinco de efecto inmediato–

།སེམས་ནི་ཉོན་མོངས་དབང་གྱུར་པས།

SEMNI ÑÖNMONG WANG GYURPE

cometidas desde tiempos sin principio hasta ahora

།སྡིག་པ་ཐམས་ཅད་བཤགས་པར་བགྱི།

DIGPA TAMCHE SHAGPAR GYI

con la mente dominada por las pasiones.

།ཉན་ཐོས་རང་རྒྱལ་བྱང་ཆུབ་སེམས།

ÑENTÖ RANGYAL JANGCHUB SEM

Me alegro del mérito

།སོ་སོ་སྐྱེ་བོ་ལ་སོགས་པས།

SOSO KYEWO LA SOGPE

de toda la virtud acumulada en los tres tiempos

།དུས་གསུམ་དགེ་བ་ཅི་བསགས་པའི།

DÜSUM GUEWA CHI SAGPE

por los śrāvakas, los pratyekabuddhas, los bodhisattvas

ཁ༌བསོད་ནམས་ལ་ནི་བདག་ཡི་རང་།

SÖNAM LANI DAG YIRANG

y los seres ordinarios.

ཁ༌སེམས་ཅན་རྣམས་ཀྱི་བསམ་པ་དང་།

SEMCHEN NAMKYI SAMPA DANG

Les ruego que, de acuerdo con las diversas aspiraciones

ཁ༌བློ་ཡི་བྱེ་བྲག་ཇི་ལྟ་བར།

LOYI JEDRAG JI TAWAR

y mentalidades de los seres

ཁ༌ཆེ་ཆུང་ཐུན་མོང་ཐེག་པ་ཡི།

CHECHUNG TÜNMONG TEGPA YI

giren la rueda del Dharma

ཁ༌ཆོས་ཀྱི་འཁོར་ལོ་བསྐོར་དུ་གསོལ།

CHÖKYI KORLO KORDU SOL

del vehículo mayor, el menor o los comunes.

ཁ༌འཁོར་བ་ཇི་སྲིད་མ་སྟོང་བར།

KORWA JISI MA TONGBAR

Les suplico que, mientras el samsara no se vacíe,

ཁ༌མྱ་ངན་མི་འདའ་ཐུགས་རྗེ་ཡིས།

ÑA-NGUEN MIDA TUGJE YI

no pasen al nirvana,

ཁ༌སྡུག་བསྔལ་རྒྱ་མཚོར་བྱིང་བ་ཡི།

DUG-NGAL GYAMTSOR JINGWA YI

y miren con compasión a los seres

ཁ༌སེམས་ཅན་རྣམས་ལ་གཟིགས་སུ་གསོལ།

SEMCHEN NAMLA SIGSU SOL

hundidos en el océano del sufrimiento.

|བདག་གིས་བསོད་ནམས་ཅི་བསགས་པ།

DAGUI SÖNAM CHI SAGPA

Que cualquier mérito que haya acumulado

|ཐམས་ཅད་བྱང་ཆུབ་རྒྱུར་གྱུར་ནས།

TAMCHE JANGCHUB GYURGYUR NE

devenga en la causa de la iluminación

|རིང་པོར་མི་ཐོགས་འགྲོ་བ་ཡི།

RINGPOR MITOG DROWA YI

y pueda convertirme sin demora

|འདྲེན་པའི་དཔལ་དུ་བདག་གྱུར་ཅིག

DRENPE PALDU DAGYUR CHIG

en un glorioso guía de los seres.

|གསོལ་བ་འདེབས་སོ་བླ་མ་སྤྱན་རས་གཟིགས།

SOLWA DEBSO LAMA CHENREZIK

Guru Avalokita, te dirijo mis súplicas.

|གསོལ་བ་འདེབས་སོ་ཡི་དམ་སྤྱན་རས་གཟིགས།

SOLWA DEBSO YIDAM CHENREZIK

Yidam Avalokita, te dirijo mis súplicas.

|གསོལ་བ་འདེབས་སོ་འཕགས་མཆོག་སྤྱན་རས་གཟིགས།

SOLWA DEBSO PAGCHOG CHENREZIK

Supremo Noble Avalokita, te dirijo mis súplicas.

|གསོལ་བ་འདེབས་སོ་སྐྱབས་མགོན་སྤྱན་རས་གཟིགས།

SOLWA DEBSO KYABGÖN CHENREZIK

Señor del refugio, Avalokita, te dirijo mis súplicas.

|གསོལ་བ་འདེབས་སོ་བྱམས་མགོན་སྤྱན་རས་གཟིགས།

SOLWA DEBSO JAMGÖN CHENREZIK

Amoroso guardián Avalokita, te dirijo mis súplicas.

༄༅།སྤུབས་རྗེས་བཟུང་ཤིག་རྒྱལ་བ་ཐུགས་རྗེ་ཅན།

TUGJE SUNGSHIG GYALWA TUGJE CHEN

Sostennos con tu compasión, Buddha compasivo.

༄༅།མཐའ་མེད་འཁོར་བར་གྲངས་མེད་འཁྱམས་གྱུར་ཅིང་།

TAME KORWAR DRANGME JAM GYURCHING

Para los seres que han errado innumerables veces por el samsara sin fin,

༄༅།བཟོད་མེད་སྡུག་བསྔལ་མྱོང་བའི་འགྲོ་བ་ལ།

SÖME DUG-NGAL ÑONGWE DROWA LA

experimentando insoportables sufrimientos,

༄༅།མགོན་པོ་ཁྱེད་ལས་སྐྱབས་གཞན་མ་མཆིས་སོ།

GÖNPO CHELE KYABSHEN MACHI SO

no hay otro refugio aparte de ti, Señor.

༄༅།རྣམ་མཁྱེན་སངས་རྒྱས་ཐོབ་པར་བྱིན་གྱིས་རློབས།

NAMCHEN SANGYE TOBPAR JINGYI LOB

Bendícenos para que alcancemos la buddheidad omnisciente.

༄༅།ཐོག་མེད་དུས་ནས་ལས་ངན་བསགས་པའི་མཐུས།

TOGME DÜNE LE-NGUEN SAGPE TÜ

Debido al mal karma acumulado desde tiempos sin principio,

༄༅།ཞེ་སྡང་དབང་གིས་དམྱལ་བར་སྐྱེས་གྱུར་ཏེ།

SHEDANG WANGUI ÑALWAR KYEGYUR TE

por el poder de la cólera, los seres nacen en los infiernos

༄༅།ཚ་གྲང་སྡུག་བསྔལ་མྱོང་བའི་སེམས་ཅན་རྣམས།

TSADRANG DUG-NGAL ÑONGWE SEMCHEN NAM

y experimentan el sufrimiento del frío y el calor.

༄༅།ལྷ་མཆོག་ཁྱེད་ཀྱི་དྲུང་དུ་སྐྱེ་བར་ཤོག

HLACHOG CHEKYI DRUNGDU KYEWAR SHOG

Que puedan renacer en tu presencia, deidad suprema.

།ཨོཾ་མ་ཎི་པདྨེ་ཧཱུྃ།

OM MANI PADME HUNG

།ཐོག་མེད་དུས་ནས་ལས་ངན་བསགས་པའི་མཐུས།

TOGME DÜNE LE-NGUEN SAGPE TÜ

Debido al mal karma acumulado desde tiempos sin principio,

།སེར་སྣའི་དབང་གིས་ཡི་དྭགས་གནས་སུ་སྐྱེས།

SERNE WANGUI YIDAG NESU KYE

por el poder de la avaricia, los seres nacen en el reino de los espíritus hambrientos

།བཀྲེས་སྐོམ་སྡུག་བསྔལ་མྱོང་བའི་སེམས་ཅན་རྣམས།

TREKOM DUG-NGAL ÑONGWE SEMCHEN NAM

y experimentan el sufrimiento del hambre y la sed.

།ཞིང་མཆོག་པོ་ཏཱ་ལ་རུ་སྐྱེ་བར་ཤོག

SHINGCHOG POTALA RU KYEWAR SHOG

Que puedan renacer en el reino supremo del Potala.

ཨོཾ་མ་ཎི་པདྨེ་ཧཱུྃ།

OM MANI PADME HUNG

།ཐོག་མེད་དུས་ནས་ལས་ངན་བསགས་པའི་མཐུས།

TOGME DÜNE LE-NGUEN SAGPE TÜ

Debido al mal karma acumulado desde tiempos sin principio,

།གཏི་མུག་དབང་གིས་དུད་འགྲོར་སྐྱེ་གྱུར་ཏེ།

TIMUG WANGUI DÜDROR KYEGYUR TE

por el poder de la ofuscación, los seres nacen como animales

།གླེན་ལྐུག་སྡུག་བསྔལ་མྱོང་བའི་སེམས་ཅན་རྣམས།

LENKUG DUG-NGAL ÑONGWE SEMCHEN NAM

y experimentan el sufrimiento de la estupidez y la mudez.

།མགོན་པོ་ཁྱེད་ཀྱི་དྲུང་དུ་སྐྱེ་བར་ཤོག

GÖNPO CHEKYI DRUNGDU KYEWAR SHOG

Que puedan renacer en tu presencia, oh guardián.

།ཨོཾ་མ་ཎི་པདྨེ་ཧཱུྂ།

OM MANI PADME HUNG

།ཐོག་མེད་དུས་ནས་ལས་ངན་བསགས་པའི་མཐུས།

TOGME DÜNE LE-NGUEN SAGPE TÜ

Debido al mal karma acumulado desde tiempos sin principio,

།འདོད་ཆགས་དབང་གིས་མི་ཡི་གནས་སུ་སྐྱེས།

DÖCHAG WANGUI MIYI NESU KYE

por el poder del apego, los seres nacen en el reino humano

།བྲེལ་ཕོངས་སྡུག་བསྔལ་ཉོང་བའི་སེམས་ཅན་རྣམས།

DRELPONG DUG-NGAL ÑONGWE SEMCHEN NAM

y experimentan el sufrimiento del trabajo y la carencia.

།ཞིང་མཆོག་བདེ་བ་ཅན་དུ་སྐྱེ་བར་ཤོག

SHINGCHOG DEWACHEN DU KYEWAR SHOG

Que puedan renacer en el reino supremo de Sukhāvatī.

།ཨོཾ་མ་ཎི་པདྨེ་ཧཱུྂ།

OM MANI PADME HUNG

།ཐོག་མེད་དུས་ནས་ལས་ངན་བསགས་པའི་མཐུས།

TOGME DÜNE LE-NGUEN SAGPE TÜ

Debido al mal karma acumulado desde tiempos sin principio,

།ཕྲག་དོག་དབང་གིས་ལྷ་མིན་གནས་སུ་སྐྱེས།

TRADOG WANGUI HLAMIN NESU KYE

por el poder de la envidia, los seres nacen en el reino de los semidioses

།འཐབ་རྩོད་སྡུག་བསྔལ་མྱོང་བའི་སེམས་ཅན་རྣམས།

TABTSÖ DUG-NGAL ÑONGWE SEMCHEN NAM

y experimentan el sufrimiento de la lucha.

པོ་ཏ་ལ་ཡི་ཞིང་དུ་སྐྱེ་བར་ཤོག

POTALA YI SHINGDU KYEWAR SHOG

Que puedan renacer en el reino del Potala.

ཨོཾ་མ་ཎི་པདྨེ་ཧཱུྃ།

OM MANI PADME HUNG

ཐོག་མེད་དུས་ནས་ལས་ངན་བསགས་པའི་མཐུས།

TOGME DÜNE LE-NGUEN SAGPE TÜ

Debido al mal karma acumulado desde tiempos sin principio,

ང་རྒྱལ་དབང་གིས་ལྷ་ཡི་གནས་སུ་སྐྱེས།

NGAGYAL WANGUI HLAYI NESU KYE

por el poder del orgullo, los seres nacen en el reino de los dioses

འཕོ་ལྟུང་སྡུག་བསྔལ་མྱོང་བའི་སེམས་ཅན་རྣམས།

POTUNG DUG-NGAL ÑONGWE SEMCHEN NAM

y experimentan el sufrimiento de la transmigración y la caída.

པོ་ཏ་ལ་ཡི་ཞིང་དུ་སྐྱེ་བར་ཤོག

POTALA YI SHINGDU KYEWAR SHOG

Que puedan renacer en el reino del Potala.

ཨོཾ་མ་ཎི་པདྨེ་ཧཱུྃ།

OM MANI PADME HUNG

བདག་ནི་སྐྱེ་ཞིང་སྐྱེ་བ་ཐམས་ཅད་དུ།

DANI KYESHING KYEWA TAMCHE DU

En todos mis renacimientos, vida tras vida,

།སྤྱན་རས་གཟིགས་དང་མཛད་པ་མཚུངས་པ་ཡིས།

CHENREZIK DANG DSEPA TSUNGPA YI

con actos parecidos a los de Avalokita

།མ་དག་ཞིང་གི་འགྲོ་རྣམས་སྒྲོལ་བ་དང་།

MADAG SHINGUI DRONAM DROLWA DANG

pueda yo liberar a los seres de los reinos impuros

།གསུང་མཆོག་ཡིག་དྲུག་ཕྱོགས་བཅུར་རྒྱས་པར་ཤོག

SUNGCHOG YIGDRUG CHOGCHUR GYEPAR SHOG

y propagar en las diez direcciones el habla suprema de las seis sílabas.

།འཕགས་མཆོག་ཁྱེད་ལ་གསོལ་བ་བཏབ་པའི་མཐུས།

PAGCHOG CHELA SOLWA DEPPE TÜ

Noble y supremo, que, por el poder de esta súplica, a ti dirigida,

།བདག་གི་གདུལ་བྱར་གྱུར་པའི་འགྲོ་བ་རྣམས།

DAGUI DULJAR GYURPE DROWA NAM

los seres que vayan a ser disciplinados por mí

།ལས་འབྲས་ལྷུར་ལེན་དགེ་བའི་ལས་ལ་བརྩོན།

LEDRE HLURLEN GUEWE LELA TSÖN

se apliquen a la ley del karma con gran interés, se esfuercen en practicar

།འགྲོ་བའི་དོན་དུ་ཆོས་དང་ལྡན་པར་ཤོག

DROWE DÖNDU CHÖDANG DENPAR SHOG

la virtud y sigan el Dharma por el bien de los seres.

།དེ་ལྟར་རྩེ་གཅིག་གསོལ་བཏབ་པས།

DETAR TSECHIG SOLTAB PE

Debido a esta súplica hecha con total concentración,

།འཕགས་པའི་སྐུ་ལས་འོད་ཟེར་འཕྲོས།

PAGPE KULE ÖSER TRÖ

el cuerpo del Noble emite rayos de luz

།མ་དག་ལས་སྣང་འཁྲུལ་ཤེས་སྦྱང་ས།

MADAG LENANG TRULSHE JANG

que purifican las apariencias kármicas impuras y la conciencia confudida.

།ཕྱི་སྣོད་བདེ་བ་ཅན་གྱི་ཞིང་།

CHINÖ DEWACHEN GYI SHING

El mundo externo deviene en el reino de Sukhāvatī,

།ནང་བཅུད་སྐྱེ་འགྲོའི་ལུས་ངག་སེམས།

NAGCHÜ KYEDRÖ LÜ NGAG SEM

y el cuerpo, el habla y la mente de sus habitantes,

།སྤྱན་རས་གཟིགས་དབང་སྐུ་གསུང་ཐུགས།

CHENREZIK WANG KU SUNG TUG

en el cuerpo, el habla y la mente de Avalokiteśvara,

།སྣང་གྲགས་རིག་སྟོང་དབྱེར་མེད་གྱུར།

NANGDRAG RIGTONG YERME GYUR

apariencias, sonidos y cognición inseparables de la vacuidad.

།ཨོཾ་མ་ཎི་པདྨེ་ཧཱུྃ།

OM MANI PADME HUNG  *(Repetir el mantra)*

།བདག་གཞན་ལུས་སྣང་འཕགས་པའི་སྐུ།

DASHEN LÜNANG PAGPE KU

Mi apariencia física y la de los demás es el cuerpo del Noble.

།སྒྲ་གྲགས་ཡི་གེ་དྲུག་པའི་དབྱངས།

DRADRAG YIGUE DRUGPE YANG

Los sonidos son la melodía de las seis sílabas.

།དྲན་རྟོག་ཡེ་ཤེས་ཆེན་པོའི་ཀློང་།

DRENTOG YESHE CHENPÖ LONG

Los pensamientos son la esfera de la gran sabiduría primordial.

|དགེ་བ་འདི་ཡི་མྱུར་དུ་བདག

GUEWA DIYI ÑURDU DAG

Que por esta virtud pueda realizar

|སྤྱན་རས་གཟིགས་དབང་འགྲུབ་གྱུར་ནས།

CHENREZIK WANG DRUBGYUR NE

pronto el estado de Avalokiteśvara

|འགྲོ་བ་གཅིག་ཀྱང་མ་ལུས་པ།

DROWA CHIGKYANG MALÜPA

y establecer a todos los seres sin excepción

|དེ་ཡིས་ལ་འགོད་པར་ཤོག

DEYI SALA GÖPAR SHOG

en ese mismo estado.

|འདི་ལྟར་སྒོམ་བཟླས་བགྱིས་པའི་བསོད་ནམས་ཀྱིས།

DITAR GOMDE GYIPE SÖNAM KYI

Que, por el mérito de meditar y recitar de este modo,

|བདག་དང་བདག་ལ་འབྲེལ་ཐོགས་འགྲོ་བ་ཀུན།

DADANG DAG LA DRELTOG DROWA KÜN

tan pronto como nos desprendamos de este cuerpo impuro,

|མི་གཙང་ལུས་འདི་བོར་བར་གྱུར་མ་ཐག

MITSANG LÜDI BORWAR GYUR MATAG

yo y todos los seres conectados conmigo

|བདེ་བ་ཅན་དུ་བརྫུས་ཏེ་སྐྱེ་བར་ཤོག

DEWACHEN DU DSÜTE KYEWAR SHOG

renazcamos milagrosamente en Sukhāvatī.

|སྐྱེ་མ་ཐག་ཏུ་ས་བཅུ་རབ་བསྒྲོད་ནས།

KYE MATAG TU SACHU RABDRÖ NE

Que, nada más nacer, podamos atravesar los diez niveles

ཥྐྱུལ་པས་ཕྱོགས་བཅུར་གཞན་དོན་བྱེད་པར་ཤོག

TRULPE CHOGCHUR SHENDÖN JEPAR SHOG
y beneficiar a los demás mediante emanaciones en las diez direcciones.

བསོད་ནམས་འདི་ཡིས་ཐམས་ཅད་གཟིགས་པ་ཉིད

SÖ NAM DI YI TAM CHE ZIG PA ÑI
Que por este mérito puedan todos los seres obtener omnisciencia

ཐོབ་ནས་ཉེས་པའི་དགྲ་རྣམས་ཕམ་བྱས་ནས

TOB NE ÑE PE DRA NAM PAM JE NE
y derrotar al enemigo, las acciones erróneas.

སྐྱེ་རྒ་ན་འཆི་རྦ་བརླབས་འཁྲུགས་པ་ཡིས

KYE GA NA CHI BA LAB TRUG PA YI
De las tempestuosas olas del océano de la existencia,

སྲིད་པའི་མཚོ་ལས་འགྲོ་བ་སྒྲོལ་བར་ཤོག །

SI PE TSO LE DRO WA DRÖL WAR SHOK
del nacimiento, la vejez, la enfermedad y la muerte podamos todos los

སངས་རྒྱས་སྐུ་གསུམ་བརྙེས་པའི་བྱིན་རླབས་དང་

SAN GYE KU SUM ÑE PE JIN LAB DANG
seres ser libres. Que a través de las bendiciones del Buddha por el logro de

ཆོས་ཉིད་མི་འགྱུར་བདེན་པའི་བྱིན་རླབས་དང་

CHÖ ÑI MIN GYUR DEN PE JIN LAB DANG
los tres cuerpos, de las bendiciones de la inalterable verdad del dharmata

དགེ་འདུན་མི་ཕྱེད་འདུན་པའི་བྱིན་རླབས་ཀྱིས

GUEN DÜN MI CHE DÜN PE JIN LAB KYI
y de las bendiciones de la inquebrantable aspiración de la sangha,

ཇི་ལྟར་བསྔོ་བ་སྨོན་ལམ་འགྲུབ་གྱུར་ཅིག །

JI TAR NGO WA MÖN LAM DRUBGYUR CHIG
esta plegaria de dedicación se cumpla.

# Enseñanza sobre la práctica de Chenrezik
*El bien de los seres que llena el espacio*
## Khenpo Karthar Rinpoché

# 1. Refugiarse y generar la bodhichitta

## Introducción

En esta presentación explicaré la meditación y recitación del mantra del noble Avalokiteśvara, el Gran Compasivo. La práctica se titula *El bien de los seres que llena el espacio* y fue compuesta por el ilustre maestro que alcanzó la máxima realización, Thangtong Gyalpo (1385-1464 o 1361-1485). El texto que estaré utilizando es un breve comentario sobre esta práctica escrito por el decimoquinto Gyalwang Karmapa, Khakhyap Dorje (1871-1922).

El comentario empieza con la siguiente invocación:

SVASTI

Gran compasión de todos los victoriosos,

Avalokita, quien se manifiesta como un mudrā,

cuya actividad iluminada consiste en vaciar las profundidades
  del samsara:

me postro ante ti y ante mi venerable protector, inseparables.

La personificación completa de la gran compasión iluminada de todos los buddhas victoriosos se manifiesta en la percepción de los demás como un ser que posee colores y atributos distintivos o mudrās, y lleva el nombre de Avalokita en sánscrito, o Chenrezik en tibetano. Su actividad iluminada consiste en actuar incesantemente por el beneficio de los seres, hasta que los tres reinos del samsara queden vacíos por completo. Se lo considera aquí como esencialmente inseparable del maestro espiritual. Este maestro puede ser nuestro propio guru raíz, quienquiera que sea, o alguna de las encarnaciones de Gyalwang Karmapa. El autor comienza expresando su respeto ante tan venerable protector.

Por virtud de su corazón altruista y su actividad iluminada, Avalokita es más extraordinario que todos los victoriosos de los tres tiempos. Esto es así porque mientras el samsara, es decir, la existencia cíclica, no se haya vaciado de todos los seres, sus esfuerzos para beneficiarlos no cesarán jamás. No permanece absorto en la paz exclusiva de la meditación; a lo largo de todos los tiempos —pasado, presente y futuro— se dedica, de manera constante, a la actividad iluminada de guiar gradualmente a todos los seres de los seis reinos por el camino de la liberación y la omnisciencia. Además, ya profetizó el ser semejante al astro solar, Buddha Śākyamuni, que este gran ser asumiría un papel especial en las regiones nevadas del Tíbet, la tierra de la gente de rostros rojos, una región que sería particularmente difícil de domar, porque a sus habitantes nunca antes se les había guiado espiritualmente. A pesar del desafío, el noble Avalokita, el Gran Compasivo, aceptó voluntariamente la responsabilidad personal de tomar la tierra del Tíbet como su campo de acción para guiar a los seres sintientes.

Y así fue como Avalokita o Chenrezik se manifestó en una miríada de formas a lo largo de las tierras nevadas del Tíbet. Se mostró en ocasiones bajo la forma de reyes ilustres, ministros o funcionarios gubernamentales de alto rango, traductores excelentes, maestros eruditos y siddhas, o maestros de meditación extraordinarios. En resumen, se manifestó bajo una diversidad de formas y seres: niños, hombres, mujeres. Utilizando cualquier medio que fuera necesario, directamente llevó a cabo su actividad iluminada por el bien de los seres en todo el Tíbet, y por ello el gran poder de sus bendiciones compasivas se estableció allí con firmeza.

Como muestra de la gran compasión de este noble ser, niños con edad apenas suficiente para hablar, de manera espontánea pronunciaban el sonido de su mantra de seis sílabas, sublime, insuperable –soberano entre los mantras secretos– aun sin que sus padres se lo hubieran enseñando. Este tipo de sucesos evidenciaron claramente el poder y compasión del noble Avalokita. En las regiones nevadas del Tíbet, el Señor de la Gran Compasión se convirtió en la deidad principal en los corazones de la gente, por encima de todas las demás.

En el pasado aparecieron muchos seres sublimes emanados que revelaron sādhanas basadas en el noble Avalokita. Algunas de éstas son muy detalladas y otras más concisas. Entre ellas, la práctica específica que nos ocupa aquí nos la concedió el Señor de los siddhas, Thangtong Gyalpo, que era en realidad el mismo noble Avalokita manifestándose en forma humana para el beneficio del pueblo tibetano. Él compuso la presente sādhana del noble Avalokita, cuyo título en tibetano es *Drodön Khakhyapma*, que puede traducirse como *El bien de los seres que llena el espacio*. Un título que ha demostrado ser verdaderamente significativo porque en todos los países del mundo, allí donde se han establecido centros de Dharma, esta práctica se ha extendido y las personas la han adoptado con el consecuente beneficio para ellos y para sus regiones.

A los afortunados que empiecen a realizar esta meditación y la recitación del mantra, se les explicará la práctica en seis partes.

La primera parte es la preparación que consiste en buscar refugio en las Tres Joyas, consideradas como fuentes de protección, así como en generar la bodhichitta, la resolución de liberar a los innumerables seres del sufrimiento del samsara. Estas dos partes, el refugio y la bodhichitta, constituyen los preliminares. La segunda es la parte principal de la práctica y en general consta de la concentración en un solo punto (*śamatha*) y la introspección analítica (*vipaśyanā*). En este contexto, ambas se practican principalmente basándose en la visualización de la deidad. La tercera parte es la repetición del mantra. La cuarta parte es la práctica que resulta de trasladar todos los elementos anteriores a nuestra propia experiencia. La quinta parte es la dedicación del mérito con el fin de lograr la completa buddheidad. Por último, la sexta parte explica los beneficios de hacer la práctica.

## Refugiarse y generar la bodhichitta

La primera parte, buscar refugio y generar la bodhichitta, se explica de la siguiente manera: empezamos por visualizar el espacio frente a nosotros como una extensión inmensa, llena de esferas de luz iridiscente de varios tamaños, diferentes tipos de flores de colores vivos y nubes. En el centro de este espacio visualizamos al noble Avalokita, cuya mente despierta vemos como inseparable, en esencia, de la de nuestro guru raíz. Él es la personificación que incluye todas las fuentes de refugio y todos los victoriosos de las diez direcciones y los tres tiempos. Es las Tres Joyas: el Buddha, el Dharma y la Sangha. Asimismo es las Tres Raíces: el Guru, el Yidam y el Protector del Dharma. El guru es la fuente de bendiciones, el yidam es la fuente de los logros espirituales y el protector del Dharma actúa como la fuente de actividad iluminada. Con la confianza de que Avalokita, verdadera personificación de las seis fuentes de refugio, realmente está presente en el espacio frente a nosotros, mantenemos esta visualización sin distracción.

Después volvemos la atención hacia nosotros mismos y hacia los que nos rodean. Nos visualizamos tal como somos, hombre o mujer, e imaginamos que, como la figura principal, estamos completamente rodeados por una gran asamblea de seres. Esta asamblea incluye a los enemigos que nos han dañado, a los amigos que nos ayudan y a los que nos son extraños, aquellos que no tienen ninguna influencia particular sobre nosotros. De hecho, todos los seres de los seis reinos —seres infernales, pretas, animales, humanos, asuras y devas– están con nosotros. También pensamos que las tres avenidas –cuerpo, palabra y mente– de nuestro ser y las de todos los demás de esta gran asamblea confluyen en una sola dirección. Al inclinarnos ante Avalokita, sentimos nuestro cuerpo, nuestra voz y nuestro estado mental colmados de un sentimiento de devoción. Albergamos un sentimiento de aprecio y confianza total.

Una vez alcanzado este estado mental, recordamos la necesidad que todos los seres compartimos: ser protegidos del gran océano de sufrimiento del samsara. Guru Avalokita (y por ende todas las demás fuentes de refugio anteriormente mencionadas que él personifica) posee verdaderamente el poder y la capacidad de brindarnos dicha protección contra el sufrimiento. Con un firme sentimiento de confianza, más allá de cualquier duda, lo reconocemos como aquel que es realmente capaz de protegernos.

Tres estados mentales se asocian al acto de tomar refugio. El primero es la *confianza*, la actitud de confiar totalmente y sin reservas en el guru Avalokita; es decir que depositamos todas nuestras esperanzas en él, convencidos de que nos conducirá más allá del sufrimiento del samsara y al logro de la iluminación. El segundo estado mental es la *intención clara*, que consiste en el pensamiento: "Pido tu protección; por favor, protege a todos los seres que hay en el espacio". En tercer lugar, debemos tener *certeza*, estar seguros de que nos protege, ya que es la fuente última de refugio. Manteniendo estos tres estados mentales (confianza, intención clara y certeza) tomamos refugio, al tiempo que recitamos el texto.

Me refugio en el Buddha, el Dharma
y la Sangha suprema hasta que alcance la iluminación.
Para el bien de los seres, pueda realizar la buddheidad
por el mérito de practicar la generosidad y demás perfecciones.

La recitación empieza con las palabras: "Me refugio en el Buddha, el Dharma y la Sangha suprema hasta que alcance la iluminación".

El Buddha, o la buddheidad, comprende tres kāyas: el dharmakāya, el sambhogakāya y el nirmāṇakāya. Desde la perspectiva del estado natural, el *dharmakāya* de la buddheidad es la experiencia de la realidad inmutable, primordialmente presente. Desde la perspectiva de los seres, la energía compasiva de la buddheidad se manifiesta en forma de deidades, con todos sus atributos distintivos, así como con la presencia de los reinos puros. Esta dimensión de la buddheidad es el *sambhogakāya*. Por medio de emanaciones, los buddhas también se manifiestan en la forma que sea necesaria para guiar a los seres. Estas formas incluyen cuerpos físicos de carne y sangre, ya sean cuerpos humanos o seres no humanos, tales como animales u otras criaturas. Dichas manifestaciones de seres despiertos representan el *nirmāṇakāya*.

El Dharma genuino abarca dos aspectos: el Dharma en forma de escrituras y transmisión de enseñanzas y el Dharma en tanto realización de esas enseñanzas. El primero incluye la totalidad de las 84.000 enseñanzas que dio el Buddha. El segundo es el resultado del proceso de recibir dichas enseñanzas y de cultivarlas mediante la práctica. Por lo tanto, la realización del Dharma es el estado en el cual se han actualizado las cualidades del ser iluminado.

Asimismo, la Sangha se entiende en dos niveles. En términos generales se refiere a las personas que han tomado los votos *prātimokṣa* (liberación individual), el voto de la *bodhichitta* (la mente del despertar), y votos *samaya* (compromisos tántricos); y más específicamente se refiere a la Noble Sangha, que son quienes poseen las cualidades del Dharma de las escrituras y han logrado realizaciones. En un sentido más amplio, designa a la comunidad de practicantes y maestros que constituye la sangha de individuos ordinarios, y está representada especialmente por el maestro que brinda de forma personal una guía directa y práctica.

De este modo, tomamos refugio en las fuentes de protección con el siguiente propósito: "Me refugio en el Buddha, el Dharma y la Sangha suprema hasta que alcance la iluminación". Cuando tomamos refugio, lo habitual es repetir estas palabras varias veces, y no recitarlas una sola vez. Además se recitan un número impar de veces, no un número par, siendo lo más común hacerlo tres, cinco o siete veces, pero nunca dos, cuatro o seis veces. Una de las razones para hacerlo así es que con cada repetición estamos procurando asentar claramente el significado en nuestra mente. Cuando recitamos las palabras dos veces, recitarlas una vez más servirá para equilibrar las dos primeras repeticiones, de tal manera que la interdependencia sea armoniosa y, por tanto, propicia para nuestra práctica. Lo mismo sucedería si recitáramos los versos cinco, siete o veintiuna veces, por ejemplo. Sin embargo, si recitáramos las palabras solo dos veces, sin una tercera vez que forme el número impar, habría cierto riesgo de negación, debido a un desequilibrio en el número de repeticiones.

Así pues, repetimos en voz alta tantas veces como deseemos las palabras del refugio. Después de haber tomado refugio, mantenemos la convicción de que, de ahora en adelante, nosotros y todos los demás seres estamos realmente bajo la protección del noble Gran Compasivo. Esta certeza es esencial; si no creemos firmemente que estamos protegidos, el acto de ir por refugio tendrá poco efecto.

El siguiente paso es generar la bodhichitta, la mente del despertar. Al tomar refugio también visualizamos frente a nosotros a los seis tipos de seres. Concentramos nuestra atención en ellos y reflexionamos en la manera en que están relacionados con nosotros. En la historia sin principio de nuestras vidas previas, no hay uno solo entre ellos que no haya sido en algún momento nuestra madre, nuestro padre, nuestro amigo o la persona que nos cuidó. Mediante esas relaciones, cada ser nos ha apoyado y beneficiado en el pasado. Por ello empezamos reconociendo con gratitud la extraordinaria bondad que todos los seres han mostrado hacia nosotros.

A continuación reflexionamos sobre su situación actual. Desde el momento en que nacen hasta que mueren, todos esos seres van a lo largo de su vida animados por el profundo deseo de alcanzar bienestar y no experimentar sufrimiento. Todos los seres, sin excepción. Podemos observar claramente que los seres, en todas las formas de vida por diversas que sean, están en constante actividad, ocupados y luchando, siempre persiguiendo algo. Lo que todos anhelan es lograr la satisfacción del deseo básico que consta de dos aspectos: obtener la felicidad y evitar el sufrimiento, ahora y en el futuro.

No obstante, a pesar de sus esfuerzos, al final nunca tienen éxito en el logro de este propósito. Desde tiempos sin principio, los seres moran en un estado de confusión básica en cuanto a saber cómo lograr la felicidad y liberarse del sufrimiento, aunque sea lo que tanto desean. La causa de la felicidad es la virtud, mientras que la causa del sufrimiento son las acciones negativas. Por lo tanto, los seres deberían hacer lo que es virtuoso para obtener felicidad y abandonar las acciones negativas para liberarse del sufrimiento. Sin embargo, la conducta típica de los seres es tal que sus acciones se oponen directamente al logro de lo que anhelan: buscan felicidad pero no crean su causa, la virtud. Desean evitar el sufrimiento, pero continúan perpetuando su causa, las acciones negativas. Una vez creado el karma de la acción negativa, es completamente imposible que esa causa produzca como resultado la felicidad. Como consecuencia de sus acciones erróneas, los seres provocan su propio sufrimiento y no acumulan la virtud que sería la causa de su felicidad. Por esta razón, los seres experimentan el sufrimiento y la miseria inconcebibles del samsara y, en especial, la agonía de estados inferiores de existencia, tales como los reinos infernales o los reinos de los pretas. Y es este un esquema que se repite sin fin: no hay tregua para la opresión del sufrimiento, no llega el momento en que los seres —que han sido nuestros padres bondadosos en el pasado— se liberen definitivamente de este ciclo de sufrimiento.

Tomando en cuenta a estos seres, reflexionamos en el hecho de que en esta vida hemos obtenido un cuerpo humano. No solo hemos obtenido un cuerpo humano sino que también nos hemos encontrado con el Buddhadharma, en el que tenemos fe y devoción. Más aún, practicamos el Dharma Mahayana bajo la guía de maestros espirituales auténticos. Contemplamos lo afortunados que somos de contar con esta oportunidad de beneficiar a todos los seres que están oprimidos bajo el yugo del sufrimiento. Pensamos: "Debo hacer todo lo que pueda para lograr que todos los seres alcancen el estado de felicidad verdadera, el estado de la iluminación completa, perfecta e insuperable". Esta intención es la *bodhichitta de aspiración*, el deseo de alcanzar el perfecto despertar para el bien de los demás.

Aunque hayamos generado esta aspiración, todavía no tenemos la verdadera capacidad para establecer a todos los seres en la buddheidad perfecta porque nosotros mismos no hemos logrado ese estado. Este propósito solo se puede cumplir obteniendo las cualidades de la liberación y la sabiduría omnisciente. Sin embargo, es necesario empezar por hacer surgir este anhelo de guiar a todos los seres hacia el despertar perfecto.

¿Cómo podemos nosotros mismos hacer real esta aspiración? La meditación profunda de la deidad y la repetición del mantra del noble Avalokita es la práctica mediante la que podemos lograr el estado sublime del Noble. Es la práctica que nos permite realizar esa meta. Conferimos firmeza a nuestro propósito pensando: "Con esta realización, mientras los tres reinos del samsara persistan, haré lo que sea necesario para emular las acciones nobles y la liberación perfecta mostradas por Avalokita, para el beneficio de los seres". Al generar esta motivación fuerte y sincera, aspiramos a ser exactamente como Avalokita, y obtener el mismo poder y habilidad para ayudar a los demás. En la presencia del guru Avalokita proclamamos esta gran promesa de alcanzar la buddheidad perfecta para beneficio de todos los seres. Él es testigo de nuestro acto de generar la bodhichitta de aspiración porque su mirada, que todo lo ve, percibe nuestros pensamientos. Percibe directamente la intención noble que surge en nuestra mente.

Por la virtud de meditar y repetir el mantra de esta práctica titulada *El bien de los seres que llena el espacio* generamos un mérito extraordinario. Sin embargo, es necesario especificar el propósito de ese mérito. Creamos esa virtud con la voluntad explícita de ayudar a otros seres, no solo en términos temporales, sino para conducirlos a todos de manera definitiva al estado de la buddheidad perfecta. Cuando ya hemos establecido nuestra aspiración de este modo, nos disponemos a seguir adelante y llevar a la práctica nuestra determinación, lo que se denomina *bodhichitta de aplicación*, el aspecto del compromiso en la mente del despertar.

Tal como se explicó anteriormente en la parte sobre la toma de refugio, recitamos las palabras de refugio y bodhichitta un número impar de veces (por ejemplo tres, cinco o siete, y no un número par como dos, cuatro o seis). Así, al comenzar la práctica establecemos la intención en nuestra mente tomando refugio y generando la bodhichitta, para definir nuestro propósito. De igual modo, tomamos la determinación de desarrollar nuestra visualización con la mayor claridad posible.

Ante nosotros, innumerables rayos de luz irradian del cuerpo del Guru Avalokita. Estos rayos de luz alcanzan a todos los seres de los seis reinos que estamos visualizando. En ese mismo instante, los rayos de luz brillante los purifican de toda la negatividad y las obstrucciones que han acumulado desde existencias sin principio. Asimismo, todo el sufrimiento inconcebible que padecen es eliminado y quedan inmersos en una sensación de bienestar.

A continuación, imaginamos que el noble Avalokita, fuente principal de refugio, así como todos los innumerables buddhas y bodhisattvas de las diez direcciones se funden en luz. Esta luz se disuelve en nosotros, bendiciendo el continuo de nuestro ser físico, verbal y mental.

Esto constituye la primera fase de la práctica, buscar refugio y generar la bodhichitta. Hagamos el esfuerzo de recitar correctamente las palabras y desarrollar la visualización.

# 2. Meditación en la forma de la deidad

Hemos finalizado la primera parte de la práctica, la preparación que comprende ir por refugio y generar la bodhichitta, con su respectiva visualización. Ahora continuamos con la segunda parte, la meditación en la forma de la deidad.

Para situar la meditación de la deidad en su contexto podemos considerarla en términos de la *base o fundamento del ser*. Lo que experimentamos como el cuerpo ordinario es una manifestación engañosa, una percepción equivocada de la base. Sin embargo, esa base es, inherentemente, los kāyas o cuerpos de la buddheidad misma: el dharmakāya, el sambhogakāya y el nirmāṇakāya. En realidad, estos *kāyas* constituyen la verdadera naturaleza del cuerpo; por esta razón, todas las perfectas cualidades de la buddheidad son intrínsecas al fundamento o la base del ser. Practicamos la meditación en la deidad para revelar esas cualidades.

Más aún, esas cualidades no son artificiales de ningún modo. Podríamos pensar que al visualizar la forma de la deidad estamos tratando de inventar algo nuevo que no poseíamos anteriormente o, bien, de adquirir algo de una fuente ajena a nosotros. Asimismo, podríamos pensar que deliberadamente fabricamos algo que no corresponde con la realidad auténtica. Sin embargo, estos conceptos son erróneos porque las cualidades de la perfección existen de manera innata en la naturaleza básica de cada individuo. Estas cualidades innatas —el corazón de las cualidades de los nobles seres iluminados— son las que hemos de descubrir mediante la meditación en la deidad.

Comenzamos viéndonos a nosotros mismos en nuestra apariencia ordinaria, es decir, desde la perspectiva que no reconoce nuestra naturaleza primordial. Estamos completamente rodeados de todos los demás seres sintientes, que son objeto de nuestra compasión, como expliqué anteriormente al hablar del refugio y la bodhichitta. Continuamos visualizándolos de la misma manera que cuando tomamos refugio. Sobre nuestra coronilla y la de cada uno de los demás seres, aparece una gran flor de loto blanco completamente abierta. Tiene ocho pétalos y se aprecian cada uno de sus detalles, incluida la antera en su centro. Sobre el loto aparece un disco perfecto de blanca luz de luna, radiante como la luna llena en el firmamento nocturno. Este disco de luz de luna, blanca y pura, es absolutamente prístino, sin defecto o mancha alguna. Sobre él surge la sílaba HRĪḤ, completamente blanca, brillante e iridiscente como el nácar. Es una manifestación natural de toda la compasión iluminada y las habilidades de todos los victoriosos. Visualizamos que el loto blanco, el disco de luz de luna y la sílaba HRĪḤ aparecen sobre nuestra coronilla y las de todos los demás seres.

A continuación, visualizamos innumerables rayos de luz de luna que emanan de la sílaba HRĪḤ e irradian hacia el exterior, llegando a todos los mandalas, sin excepción, de los buddhas victoriosos y los bodhisattvas que moran en las diez direcciones. Los rayos se manifiestan como abundantes ofrendas ilimitadas que les proporcionan un inmenso placer. Asimismo, los rayos de luz llegan a nosotros y a todos los seres de los seis reinos, liberándonos de todas las enfermedades y los espíritus dañinos. Purifican también la negatividad de las acciones insanas acumuladas desde tiempos sin principio, que de lo contrario madurarían causando sufrimiento y obstrucciones, y evitarían el logro de la liberación y la consecución final de la omnisciencia prístina. El brillante resplandor blanco de la sílaba HRĪḤ inunda todos los reinos habitados por seres de los seis estados y disipa su sufrimiento en ese mismo instante; resplandece en los reinos infernales proporcionando alivio a todos los seres que se encuentran ahí atormentados por dolores y agonías inimaginables; inunda los reinos de los pretas y con ello satisface su hambre y sacia su sed. De la misma manera, su resplandor ilumina los reinos de los animales y de todas las otras formas de vida. Con la eliminación de su sufrimiento, los seres quedan en un estado de auténtico bienestar.

Después imaginamos que las bendiciones de todos los nobles seres despiertos –los buddhas y bodhisattvas– se concentran en forma de rayos de luz que se absorben en la blanca sílaba HRĪḤ sobre nuestra coronilla y la de todos los demás seres. Esto hace que la sílaba HRĪḤ se transforme al instante en el noble y sublime Avalokita, o Chenrezik. Su forma es absolutamente blanca, como el brillante reflejo del sol sobre la nieve. Es clara y resplandeciente e irradia luz iridiscente de cinco colores: blanco, rojo, azul, amarillo y verde. Esta luz brillante e iridiscente colma los reinos puros de los incontables buddhas y bodhisattvas de las diez direcciones, y los exhorta a que miren con compasión a los seres y actúen en su beneficio. Los rayos de luz llenan también los reinos de los seis tipos de seres, con lo cual disipan su sufrimiento y los dejan en un estado de bienestar.

Avalokita muestra con una sonrisa radiante su gran afecto por nosotros y por todos los seres. Su amorosa bondad es tan natural y genuina que puede compararse al sentimiento de una madre por su único hijo. Durante los tres tiempos –pasado, presente y futuro–, no deja de mirar a los seres de todos los reinos con un corazón generoso y compasivo, en un estado de conciencia que todo lo abarca.

Avalokita tiene cuatro brazos. Las palmas de sus primeras dos manos están unidas a la altura del corazón en el gesto de hacer plegarias. La segunda mano derecha sostiene un mala de cristal blanco; la segunda mano izquierda sujeta una flor de loto blanca de ocho pétalos con su tallo. Viste una exquisita prenda superior de seda blanca adornada con motivos dorados, pantalones de seda y una falda roja de seda. La joyería que luce incluye una diadema de oro procedente del río Jambu adornada con finos racimos de joyas divinas; pendientes, collares cortos, medianos y largos, brazaletes, pulseras, argollas en los tobillos, y un cinturón ornamental con campanas pequeñas cuyo agradable sonido es claramente audible. Todo su cuerpo está perfectamente adornado con todos los elementos mencionados. Sobre su pecho izquierdo lleva la piel dorada de un antílope kṛṣṇasāra. Los largos cabellos del noble Avalokita están recogidos en un moño en la coronilla, con algunos mechones sueltos cayendo libremente. Su cabeza está coronada con la presencia del Buddha Amitābha, el Señor de la familia de los seres despiertos de Avalokita, vistiendo el atuendo de un nirmāṇakāya supremo. Chenrezik, o Avalokita, tiene dos piernas que están totalmente cruzadas en la postura vajra. Está rodeado por un halo de luz de luna como el disco de la luna llena, absolutamente prístino e inmaculado. Es la personificación única e inclusiva de todas las sublimes fuentes de refugio que moran en las diez direcciones y aparecen en los tres tiempos. Las que aparecieron en el pasado, las que aparecen en el presente y las que aparecerán en el futuro, todas están personificadas en la figura de Avalokita, que se halla por encima de nuestra cabeza y la de todos los demás seres.

Lo que acabo de describir es la *fase de creación*, es decir, el proceso de desarrollar la visualización de la deidad. Ésta servirá como base para la siguiente sección de la práctica, en la cual el centro de atención será la recitación del mantra.

Una HRĪḤ, sobre un loto blanco y una luna
por encima de mi cabeza y la de los demás seres
   que llenan el espacio,
deviene en el noble y sublime Avalokita.
Es blanco y brillante e irradia luz de cinco colores.
Hermoso y sonriente, mira con ojos compasivos.
Tiene cuatro brazos: los dos primeros juntan las manos,

los dos inferiores sostienen un mala de cristal y un loto blanco.
Engalanado con adornos de sedas y joyas
lleva una prenda superior de piel de antílope,
y Amitābha corona su cabeza.
Tiene las dos piernas cruzadas en la postura vajra
y apoya la espalda en una luna inmaculada.
Personifica la suma de todas las fuentes de refugio.

Repasemos brevemente la visualización tal como se explica en el texto de la práctica: por encima de nuestra cabeza y las de todos los demás seres, en medio del espacio aparece una gran flor de loto blanca; sobre ésta, un disco de blanca luz de luna, como la luna llena; y sobre éste, la sílaba HRĪḤ. Rayos de luz irradian de la sílaba HRĪḤ; después regresan y se absorben en la HRĪḤ, la cual se transforma en el noble y sublime Avalokita.

Es blanco e irradia luces iridiscentes de cinco colores. Sonríe de manera afectuosa y mira continuamente a todos los seres con ojos compasivos. Tiene cuatro brazos. Las palmas de sus dos primeras manos están unidas.

Su segunda mano derecha sostiene un mala de cristal y su segunda mano izquierda, una blanca flor de loto. Está ataviado con varias prendas de seda y ornamentos preciosos. Una piel de kṛṣṇasāra, adornada con diseños dorados, cubre su hombro izquierdo. El protector Amitābha, Señor de la familia de seres despiertos de Avalokita, corona su cabeza. Avalokita permanece sentado con sus dos piernas completamente cruzadas en la postura vajra, lo cual simboliza que nunca se desvía de sus propósitos altruistas. Impoluto, aparece con un trasfondo de luz de luna inmaculada. Incontables buddhas y bodhisattvas devienen uno en la figura única del noble Avalokita: la personificación de la suma de todas las fuentes de refugio.

Recitamos las palabras lentamente, dándonos tiempo para visualizar con claridad cada aspecto de la figura de la deidad. Comenzamos con el aspecto general y después añadimos cada uno de los detalles y atributos específicos. Esto es importante porque la visualización habrá de mantenerse en las siguientes fases de la práctica. Desarrollamos la visualización tan claramente como nos sea posible, en cada uno de sus aspectos.

# 3. Repetición del mantra

## Invocación del corazón compasivo de la deidad mediante la plegaria

Manteniendo la visualización del noble y sublime guru, Avalokita o Chenrezik, pensamos que al recitar estamos suplicándole al unísono con todos los demás seres. Con un firme sentimiento de confianza absoluta más allá de cualquier duda, pensamos: "Tú sabes qué hacer", con el reconocimiento de que él tiene la sabiduría y la habilidad necesarias para liberarnos del sufrimiento a nosotros y a todos los seres. Al saber que hemos de confiar en él para lograr dicha liberación, le suplicamos: "Por favor, libéranos a mí y a todos los seres de los seis reinos samsáricos de existencia y guíanos al nivel del perfecto despertar omnisciente".

> Señor de blanca figura no manchado por defecto alguno,
> tu cabeza adornada con un buddha perfecto,
> Avalokita, que miras a los seres
> con ojos compasivos, ante ti me postro.

El comentario menciona que esta plegaria puede recitarse cien, veintiuna o siete veces. De hecho no hay un número fijo, simplemente la repetimos tantas veces como queramos. La recitamos hasta que nos conmueva una poderosa sensación de confianza y devoción. Lo ideal sería recitarla una y otra vez hasta que experimentemos un cambio evidente en la calidad de nuestra percepción. La experiencia ordinaria consiste en permanecer sumidos en estados mentales de confusión, tales como el aferramiento al yo, la fijación a una existencia verdadera y las dudas. Por el mero poder de repetir esta plegaria con fervor, tratamos de generar una transformación en nuestra percepción que vaya más allá de tales limitaciones.

En este punto de la liturgia, si disponemos de suficiente tiempo y deseamos hacerlo, podemos incluir plegarias adicionales apropiadas. Algunos ejemplos son la *Alabanza a Avalokiteśvara* compuesta por la monja Lakṣmī y la *Alabanza en tono de lamento* compuesta por el maestro Chandrakīrti (c.600-650EC). Dichas plegarias y alabanzas a Avalokiteśvara están dotadas de grandes bendiciones, mismas que traemos a la práctica cuando las incorporamos. Al hacerlo, son un complemento que aumenta el poder y la calidad de la práctica en general. Como se menciona en el comentario del Karmapa Khakhyap Dorje, otros maestros de nuestra tradición han indicado específicamente la inclusión de plegarias adicionales compuestas por grandes seres. Por ejemplo, el Señor del Refugio, Kalu Rinpoché (1905-1989) y el decimosexto Karmapa, Rangjung Rikpe Dorje (1924-1981), adoptaron la costumbre de recitar determinadas plegarias en este punto, entre las que se incluye una versión de la plegaria de *Las siete ramas*. Por ello, en nuestra comunidad de centros afiliados Karma Kagyu esta práctica se lleva a cabo con la misma serie de plegarias adicionales.

Ante el Noble Avalokiteśvara
y todos los victoriosos y sus hijos
en las diez direcciones y los tres tiempos
me postro con total admiración.

La primera de las siete ramas es la postración. Consideramos como objeto de veneración al noble Avalokiteśvara y a todos los incontables victoriosos y sus hijos bodhisattvas, tanto hombres como mujeres, que moran en las diez direcciones y aparecen en los tres tiempos. Su nivel de despertar es tal que han realizado de manera perfecta todas las cualidades del cuerpo, el habla y la mente iluminados. Al ver esto con lúcida admiración, nos postramos ante ellos en todos los aspectos: nos inclinamos con el cuerpo, recitamos plegarias con la voz y en la mente albergamos un sentimiento de confianza y devoción.

> Ofrezco flores, incienso, lámparas, perfumes,
> comida, música y otras cosas,
> tanto reales como emanadas por la mente.
> Asamblea de nobles, les ruego que las acepten.

Seguimos con la rama en la que hacemos las ofrendas. Evocamos mentalmente todas las flores hermosas que existen en este mundo, así como las que hay en los reinos celestiales; nubes de incienso; joyas preciosas, lámparas y otras fuentes de luz, como el sol y la luna; diversas fragancias y perfumes; todo tipo de alimentos exquisitos con cientos de sabores deliciosos y agua totalmente pura, dotada de ocho cualidades perfectas; música tan placentera y cautivadora a los oídos que en cuanto se escucha disipa el sufrimiento. Incluimos en este acto de ofrecer, todas las cosas que existen en el reino humano y en los reinos de los devas; en resumen, todo lo que sea agradable y deseable: no solo las ofrendas que puedan estar realmente presentes sino cualquier cosa digna de ser ofrecida que podamos imaginar. Visualizamos que cada una de estas ofrendas se multiplica en cantidades inconcebiblemente vastas e ilimitadas, mientras con humildad le pedimos a Avalokita y a todos los buddhas y bodhisattvas que las acepten. Ellos, como seres iluminados sublimes, están libres de aferramiento; no tienen la necesidad o el deseo de obtener algo de nosotros. Sin embargo, por nuestra parte, les pedimos que por su bondad acepten estas ofrendas, tomando en cuenta la necesidad que tenemos los seres de generar mérito mediante prácticas tales como ésta.

Desecho todas las malas acciones
–las diez no virtuosas y las cinco de efecto inmediato–
cometidas desde tiempos sin principio hasta ahora
con la mente dominada por las pasiones.

La siguiente rama es la confesión de las acciones negativas. Consideramos el hecho de que nosotros y todos los demás seres hemos acumulado gran cantidad de acciones negativas, a lo largo de vidas pasadas sin principio. Ya sean las diez acciones no virtuosas o las cinco acciones de retribución kármica inmediata, todas las hemos cometido, porque hemos actuado bajo la influencia de la confusión y de otros estados mentales aflictivos. Tomando en cuenta todo nuestro karma negativo, físico, verbal y mental, lo confesamos con sinceridad ante todos los buddhas y bodhisattvas de las diez direcciones, con el fin de liberarnos de esa carga.

Me alegro del mérito
de toda la virtud acumulada en los tres tiempos
por los śrāvakas, los pratyekabuddhas, los bodhisattvas
y los seres ordinarios.

A continuación nos regocijamos en la virtud. Pensamos en los śrāvakas y pratyekabuddhas, que logran el nivel de arhats como resultado de su entrenamiento en la virtud; pensamos en los bodhisattvas, que llevan a la perfección las cualidades de los diez niveles del despertar. Asimismo, reflexionamos en todas las virtudes físicas, verbales y mentales de los seres ordinarios. Esto incluye tanto la virtud corruptible que proviene de la acumulación de mérito como la virtud incorruptible que proviene del desarrollo de la sabiduría. En resumen, contemplamos todo el mérito que haya sido generado por todos los seres a través de los tres tiempos –el pasado, presente y futuro– y nos regocijamos apreciando toda esa bondad.

Les ruego que, de acuerdo con las diversas aspiraciones
y mentalidades de los seres
giren la rueda del Dharma
del vehículo mayor, el menor o los comunes.

Viene a continuación la rama en la que pedimos que se ponga en movimiento la rueda de las enseñanzas. Dado que los seres son tan diferentes en sus tendencias, habilidades e intereses, se necesita una gama igualmente diversa de enfoques espirituales que sean útiles para sus necesidades individuales. Las enseñanzas de los buddhas, en su conjunto, se describen como el *dharmachakra*, o rueda del Dharma, que consiste en los diversos enfoques de esas enseñanzas: mayor, menor, común y demás. Suplicamos que las enseñanzas del Dharma se impartan de la forma más apropiada, de acuerdo con las necesidades de los seres innumerables.

Les suplico que, mientras el samsara no se vacíe,
no pasen al nirvana,
y miren con compasión a los seres
hundidos en el océano del sufrimiento.

Al lograr la iluminación, los buddhas pueden decidir entrar al nirvana y dejar atrás todas las limitaciones de la existencia mundana. Con esta rama nos referimos a esa posibilidad y nos dirigimos expresamente a los buddhas, suplicándoles que no entren al nirvana mientras los seres ordinarios no hayan logrado el estado de la buddheidad y los tres reinos del samsara no se hayan vaciado por completo. Les rogamos que permanezcan y miren con compasión a todos los seres que están a la deriva en el vasto océano de sufrimiento.

Que cualquier mérito que haya acumulado
devenga en la causa de la iluminación
y pueda convertirme sin demora
en un glorioso guía de los seres.

Toda la virtud generada mediante las seis ramas anteriores se incluye en la séptima rama, que consiste en dedicar el mérito. Y formulamos la siguiente aspiración: "Que todo el mérito acumulado al hacer postraciones, ofrendas y demás, sea causa para que todos los seres alcancen la iluminación; así, sin tardanza, pueda convertirme en un ser idéntico al noble Avalokita y tener el honor de guiar a los seres a lo largo del camino hacia la liberación y la omnisciencia".

El gran siddha Thangtong Gyalpo, autor de nuestra sādhana, fue en una vida previa el monje Pema Karpo. Como Pema Karpo compuso una plegaria especial al noble Avalokita; es una plegaria que confiere grandes bendiciones y es la que explicaré a continuación.

Guru Avalokita, te dirijo mis súplicas.
Yidam Avalokita, te dirijo mis súplicas.
Supremo Noble Avalokita, te dirijo mis súplicas.
Señor del refugio, Avalokita, te dirijo mis súplicas.
Amoroso guardián Avalokita, te dirijo mis súplicas.
Sostennos con tu compasión, Buddha compasivo.

Con las palabras, "Guru Avalokita, te dirijo mis súplicas," nos encomendamos al guru, que se presenta aquí en la forma del noble Avalokita, la total personificación de todos los gurus. "Yidam Avalokita, te dirijo mis súplicas": de nuevo, apelamos a Avalokita, ahora como yidam. Él es la personificación total que abarca a toda la miríada de manifestaciones de deidades de meditación. "Supremo Noble Avalokita, te dirijo mis súplicas": una vez más apelamos a Avalokita, noble y sublime por ser la personificación completa de todos los bodhisattvas que moran en el décimo nivel del despertar. "Señor del refugio, Avalokita, te dirijo mis súplicas": Avalokita es el refugio absoluto en tanto que es la personificación que incluye a todas las fuentes de refugio. Ya sea que se manifiesten como gurus, deidades o bodhisattvas, esencialmente los encarna a todos. Asimismo, es el supremo protector de los seres porque tiene el poder de protegerlos del sufrimiento y de asegurar que serán, finalmente, liberados del samsara. "Amoroso guardián Avalokita, te dirijo mis súplicas": si bien Avalokita tiene en efecto la capacidad de proteger a los seres del sufrimiento, eso por sí mismo no garantizaría su protección, es esencial también la presencia de un amor y una compasión excepcionales. Rogamos a Avalokita como al amoroso protector, porque él encarna las cualidades de benevolencia y compasión hacia todos los seres, así como la capacidad de protegerlos del sufrimiento. "Sostennos con tu compasión, Buddha compasivo"; con estas palabras invocamos al corazón noble de Avalokita, sabiendo que es la personificación completa de la compasión, las habilidades y las bendiciones de todos los buddhas.

Para los seres que han errado innumerables veces por el
    samsara sin fin,
experimentado insoportables sufrimientos,
no hay otro refugio aparte de ti, Señor.
Bendícenos para que alcancemos la buddheidad omnisciente.

Circulando en el samsara, sin principio ni fin, los seres nacen en los tres reinos de existencia, no solo una o dos veces, sino innumerables veces. Incapaces de ayudarse a sí mismos, se ven forzados a vagar de una existencia a otra. Al hacerlo, experimentan sufrimientos intolerables e inimaginables, como el calor y el frío extremos de los reinos infernales. Mientras no se agote el karma negativo que conduce a esas consecuencias, se ven forzados a soportar tales sufrimientos. Avalokita es el refugio y protege a los seres del sufrimiento de la existencia. Con las palabras "no hay otro refugio aparte de ti señor", reconocemos que Avalokita por sí solo es capaz de brindar protección del sufrimiento, ya que es la personificación completa de todas las fuentes de refugio: todos los gurus, deidades y seres despiertos, sin excepción. Por ello rogamos a Avalokita que nos conceda sus bendiciones, para asegurar que todos los seres del samsara logren finalmente el estado omnisciente de la buddheidad.

Aquí se termina la súplica general. La siguiente es una súplica que se refiere a los sufrimientos particulares de los seres en estados de existencia específicos.

> Debido al mal karma acumulado desde tiempos sin principio,
> por el poder de la cólera, los seres nacen en los infiernos
> y experimentan el sufrimiento del frío y el calor.
> Que puedan renacer en tu presencia, deidad suprema.

A causa del karma negativo que han acumulado de manera física, verbal y mental en la historia sin principio de sus vidas, los seres se ven empujados a vagar en el samsara. Como consecuencia de ese karma, y principalmente a causa de la ira intensa, los seres nacen en los reinos infernales, donde sufren agonías intolerables de calor y frío extremos. Imploramos a Avalokita: "Deidad sublime, por favor, que los seres que sufren en los reinos infernales puedan renacer en tu presencia". Y con ese fin, recitamos OM MAṆI PADME HŪM.

> Debido al mal karma acumulado desde tiempos sin principio,
> por el poder de la avaricia, los seres nacen en el reino de
>    los espíritus hambrientos
> y experimentan el sufrimiento del hambre y la sed.
> Que puedan renacer en el reino supremo del Potala.

A causa del karma negativo acumulado durante existencias pasadas sin principio, y principalmente debido a la avaricia, los seres nacen como pretas o espíritus angustiados. Una vez que han nacido en esa forma, mientras los oscurecimientos de su karma negativo no se hayan agotado, se ven obligados a tolerar sufrimientos inimaginables debido al hambre y a la sed intensas, así como a otro tipo de privaciones. Suplicamos al noble Avalokita que conceda sus bendiciones para que los pretas sean liberados de sus estados de sufrimiento y que renazcan en el Potala, su reino puro y sublime. Con ese propósito, recitamos OM MAṆI PADME HŪM.

Debido al mal karma acumulado desde tiempos sin principio,
por el poder de la ofuscación, los seres nacen como animales
y experimentan el sufrimiento de la estupidez y la mudez.
Que puedan renacer en tu presencia, oh guardián.

Como consecuencia del incalculable karma negativo, acumulado en la historia de vidas sin principio, y principalmente a causa de la confusión, los seres nacen como animales. Los animales padecen innumerables sufrimientos debido al embotamiento, la estupidez y la impotencia. Suplicamos a Avalokita, como protector de todos esos seres: "Que puedan los animales renacer en tu presencia: OM MAṆI PADME HŪM".

Debido al mal karma acumulado desde tiempos sin principio,
por el poder del apego, los seres nacen en el reino humano
y experimentan el sufrimiento del trabajo y la carencia.
Que puedan renacer en el reino supremo de Sukhāvatī.

A causa del karma negativo ilimitado, acumulado a través de la sucesión sin principio de vidas pasadas, y principalmente debido a la codicia y el apego a los placeres sensoriales y a la riqueza, los seres nacen como humanos. En general, los seres humanos padecen nacimiento, enfermedad, envejecimiento y muerte: los cuatro grandes ríos de sufrimiento. Más aún, experimentan la angustia de encontrarse en situaciones indeseables y la frustración de no poder lograr sus propósitos. Su vida se caracteriza por una lucha interminable para sobrevivir y tener éxito, sin embargo, inevitablemente sufren el fracaso y la pérdida. Todos los seres humanos padecen éstas y otras formas de sufrimiento.

Asimismo, la existencia humana tiene un enorme potencial, tanto para beneficiar como para ocasionar daño. Una vez que hemos nacido como humanos, si además tenemos la suficiente fortuna de conocer el Dharma auténtico, y de aprenderlo y practicarlo bajo la guía de maestros espirituales calificados, esta forma humana servirá como el mejor medio para desarrollarnos espiritualmente y, finalmente, despertar a la buddheidad. Por otra parte, esa misma existencia humana puede ser mal utilizada. Los humanos son especialmente capaces de llevar a cabo actos violentos y ocasionar daños terribles, muchísimo mayores que cualquier otra forma de vida del samsara. Conscientes de que existe tal potencial destructivo, de manera implícita en nuestra súplica, albergamos el deseo de que todos los humanos utilicen su vida solo en las formas más significativas y benéficas, de tal modo que gradualmente progresen hacia la buddheidad. Rogamos a Avalokita que todos los seres humanos renazcan en el reino puro de Sukhāvatī, el Gozoso, y con ese fin, recitamos OM MAṆI PADME HŪṂ.

> Debido al mal karma acumulado desde tiempos sin principio,
> por el poder de la envidia, los seres nacen en el reino de
>    los semidioses
> y experimentan el sufrimiento de la lucha.
> Que puedan renacer en el reino del Potala.

Debido al inmenso karma negativo acumulado desde tiempos sin principio, y principalmente a causa de la envidia, los seres nacen como asuras o dioses celosos. No hay paz ni felicidad entre los asuras: desde el nacimiento hasta la muerte, no experimentan más que conflictos, enfrentamientos y violencia a lo largo de sus vidas. Suplicamos a Chenrezik: "Que los semidioses renazcan en tu reino puro, el Potala: OM MAṆI PADME HŪṂ".

> Debido al mal karma acumulado desde tiempos sin principio,
> por el poder del orgullo, los seres nacen en el reino de
>    los dioses
> y experimentan el sufrimiento de la transmigración y la caída.
> Que puedan renacer en el reino del Potala.

Debido al inmenso karma negativo acumulado desde tiempos sin principio, y principalmente a causa del orgullo, los seres nacen en los reinos de los devas o dioses. En general, la existencia de los devas transcurre en un estado de grandes comodidades y placeres. Sin embargo, no es un estado libre de sufrimiento porque estos seres padecen inevitablemente la agonía de la muerte y el ocaso. A medida que los devas se aproximan al final de sus muy prolongadas vidas, por medio de su clarividencia se dan cuenta de su muerte inminente y, de hecho, pueden ver los reinos inferiores de existencia en los cuales están a punto de hundirse, sin embargo no pueden hacer nada para evitar su fin. El pasar del lujo divino a una muerte y una caída inminentes es tan extremo, que la experiencia mental de angustia de los devas es peor que los tormentos que padecen los seres de los reinos inferiores, incluso los de los reinos infernales. Imploramos a Avalokita: "Que los dioses puedan nacer en el reino puro del Potala" y con este fin recitamos: OM MANI PADME HŪM.

Así, los pasajes que preceden constituyen una plegaria para que todos los seres de los seis reinos sean guiados a los reinos puros.

En todos mis renacimientos, vida tras vida,
con actos parecidos a los de Avalokita
pueda yo liberar a los seres de los reinos impuros
y propagar en las diez direcciones el habla suprema de las
    seis sílabas.
Noble y supremo, que, por el poder de esta súplica, a ti
    dirigida,
los seres que vayan a ser disciplinados por mí
se apliquen a la ley del karma con gran interés, se esfuercen
    en practicar la virtud
y sigan el Dharma por el bien de los seres.

Como practicantes que suplicamos a Avalokita, continuamos haciendo aspiraciones con el siguiente pasaje: "Que en ésta y en todas mis vidas futuras, pueda liberar a los seres de los reinos impuros de existencia, por el poder de acciones similares a las del noble Avalokita, que libera a los seres de su sufrimiento. Pueda el medio para lograr esto —mi práctica del mantra sublime de seis sílabas, manifestación del habla iluminada de Avalokita—, propagarse en las diez direcciones. Que por el poder de mis súplicas dirigidas a ti, noble y sublime Avalokita, todos los seres de los seis estados –aquellos que sean guiados como mis estudiantes–, logren la convicción de la realidad del karma y de la relación entre las acciones y sus resultados. Que este conocimiento sea la base de decisiones conscientes y éticas, que los conduzcan a cultivar las diez acciones virtuosas y a abandonar las diez acciones no virtuosas. Que podamos así poseer el Dharma auténtico para beneficiar a los seres". Con esta aspiración concluimos la plegaria a Avalokita compuesta por el monje Pema Karpo.

## La práctica del yoga de la deidad mediante la emisión y absorción de rayos de luz

Debido a esta súplica hecha con total concentración,
el cuerpo del Noble emite rayos de luz
que purifican las apariencias kármicas impuras y la conciencia
    confundida.
El mundo externo deviene en el reino de Sukhāvatī,
y el cuerpo, el habla y la mente de sus habitantes,
en el cuerpo, el habla y la mente de Avalokiteśvara,
apariencias, sonidos y cognición inseparables de la vacuidad.

En esta fase de la práctica, el resplandor emitido por el cuerpo de Avalokita transforma las apariencias ordinarias de los reinos impuros en manifestaciones puras del cuerpo, la palabra y la mente iluminadas.

En respuesta a nuestra súplica hecha con total concentración, el corazón despierto del noble Gran Compasivo es convocado. Debido a esto, incontables rayos de luz blanca impregnada de cinco colores irra-dian de su cuerpo, que visualizamos sobre nuestra coronilla y la de todos los demás seres. Entre los demás colores predomina el blanco, que re-presenta la pureza de la esencia de Avalokita, personificación absoluta del amor y la compasión extraordinarios. Los brillantes rayos de luz llegan a nuestro cuerpo y al de todos los demás seres de los seis reinos, y purifican al instante toda forma de negatividad acumulada en nuestro continuo mental desde tiempos sin principio. De la misma manera en que la oscuridad se disipa al momento de encender la luz.

Entre los diversos tipos de acciones negativas, cinco se consideran como las peores en tanto tienen consecuencias kármicas inmediatas y sumamente graves. Estas acciones son las siguientes: matar a nuestro padre, matar a nuestra madre, matar a un arhat, ocasionar con intención malévola que un buddha sangre y provocar escisión en la sangha. Asimismo, existen diez tipos generales de *acciones no virtuosas*. Tres de ellas son físicas: *matar*, que es el acto de terminar con la vida de un ser sintiente; *robar*, que significa tomar lo que no nos es dado; y la *conducta sexual inadecuada* o no casta. Existen además cuatro tipos de acciones verbales no virtuosas: *mentir o decir falsedades*, lo cual incluye cualquier situación en la que flagrantemente se intente engañar y, en consecuencia, dañar a nuestros maestros espirituales o a otras personas. *Lenguaje divisorio*, que se refiere a cualquier intento malicioso de causar discordia entre personas que tienen una relación armoniosa. *Palabras crueles o abusivas*, se refiere a hablar con odio o maldad de tal manera que se dañen los sentimientos de otro. *Charla ociosa* se refiere a conversaciones sin sentido, que aunque no son abiertamente nocivas como las tres primeras acciones verbales, de cualquier manera son no virtuosas porque no son benéficas. Por último, existen tres acciones no virtuosas que son de naturaleza mental: la *codicia*, que es la avidez centrada en aquello que tienen los demás; la sensación de desear para uno la riqueza material, la prosperidad o la fama que otros poseen. La *mala voluntad o intención dañina*, que es el afán basado en el odio, de ver a otro sufriendo un daño ya sea verbal, físico o mental. Y por último, la *visión errónea*, que se refiere a sostener ideas incorrectas burdas, tales como negar la posibilidad o los beneficios de la liberación del samsara, o negar el hecho de que las acciones no virtuosas son negativas y deben evitarse porque conducen al sufrimiento.

Así pues, existen diez tipos de acciones no virtuosas. Estas acciones que acabamos de mencionar, así como las que se les asemejen, son consideradas negativas. La razón por la que se definen como negativas o no virtuosas es porque, una vez que el karma de estas acciones es acumulado en el continuo mental del individuo, no cabe duda de que madurará y se experimentará como sufrimiento. La certeza de que esas acciones tienen consecuencias desagradables como resultado se debe al hecho de que el karma negativo acumulado no se desvanece.

Los *oscurecimientos* constituyen otro aspecto de la negatividad e incluyen cinco tipos generales de emociones perturbadoras: el *deseo* de placeres sensuales o de riqueza, el *enojo* hacia otros, el *engaño* con relación a la naturaleza de las cosas, el *orgullo* al sentirse superior a otros y la *envidia* al tener resentimiento contra aquellos que, nos parece, están en una posición superior a la nuestra. Estas aflicciones mentales, así como las acciones basadas en ellas, deben abandonarse. Esto incluye todos los casos de negatividad mencionados, relacionados con los preceptos de disciplina moral, ya sea prātimokṣa, bodhichitta o samaya. También incluye las acciones que, aunque no estén especificadas como preceptos, son consideradas como negativas –conductas o acciones morales que son, de alguna manera, no virtuosas. Todo lo mencionado anteriormente conforma los oscurecimientos, que son lo que impide alcanzar el bienestar de los estados superiores de existencia, e impide el progreso en el sendero que culmina en la verdadera liberación de la existencia en su totalidad.

Las *caídas* corresponden a una categoría de acciones negativas relacionadas con los tres niveles de votos: prātimokṣa, bodhichitta y samaya. Cuando uno toma uno o más de este tipo de votos, tiene la obligación de hacer lo posible para honrar esos compromisos. En ocasiones fallamos por falta de respeto a los votos, es decir, por no valorar suficientemente su propósito, que es servir como un apoyo que nos guía y nos mantiene orientados hacia la liberación y el despertar. Es posible que, incluso teniendo respeto por los votos, a veces no los observemos adecuadamente, debido a la distracción o a la mera negligencia. En cualquier caso, estas faltas morales pueden constituir caídas; se les considera así porque si no se hace algo para corregirlas, serán la causa de caer en estados inferiores de existencia. En tal caso, sería solo un revés pasajero, pues en cuanto se rectifique nuestra situación kármica y emerjamos de esos reinos desafortunados, podremos continuar avanzando hacia la liberación y el despertar. Sin embargo, mientras permanezcamos en los reinos desafortunados, nuestro avance se verá seriamente demorado porque no tenemos oportunidad de realizar acciones virtuosas.

Con respecto a la conducta moral, podemos incurrir en errores menores. Esto sucede cuando contravenimos puntos secundarios del entrenamiento. Si bien estos problemas pueden no ser lo suficientemente serios para ocasionar la caída en los reinos inferiores, retrasarán, sin embargo, nuestro logro del despertar absoluto. Mientras sigamos cometiendo este tipo de faltas, más tardará nuestro despertar a la buddheidad.

En resumen, hay negatividad y oscurecimientos, los cuales provienen de la impureza y del karma negativo, y faltas morales y caídas, que son causadas por los estados mentales aflictivos. Trasladamos ahora todo esto a la visualización: imaginamos que los rayos de luz que irradian del cuerpo del noble Avalokita, al llegar a nosotros y a todos los seres, purifican instantáneamente toda esa negatividad, oscurecimientos, faltas y caídas. Esta luz brillante purifica también todos los oscurecimientos cognitivos, que consisten en el hábito de la confusión desarrollado desde tiempos sin principio. Confusión en este contexto se refiere a la percepción dualista; la percepción equivocada de que existe una distinción verdadera entre yo y los otros, o entre el sujeto que aprehende y el objeto aprehendido en nuestra experiencia.

A continuación, pensamos que el noble Avalokita nos otorga su bendición y, en ese momento, nuestro cuerpo, palabra y mente ordinarios se vuelven inseparables de su cuerpo, palabra y mente iluminados. Nuestra apariencia se torna completamente vívida al adoptar la forma del Noble, como un arcoíris en nuestra manifestación vacía.

El brillante resplandor colma por completo todos los reinos de los seis estados de existencia a través del espacio, llevando a cabo una transformación profunda y extensa de la apariencia de los fenómenos. Todo el entorno externo del mundo –el lado objetivo de las apariencias–, se convierte en el reino completamente puro de Akaniṣṭha Sukhāvatī, el Insuperable Reino del Gozo. Este reino extraordinario carece incluso de los nombres de las entidades materiales mundanas, tales como tierra, rocas y montañas; en lugar de eso, sus características tienen la naturaleza de sustancias preciosas y rayos y esferas de luces de arcoíris. Los habitantes del mundo –los seis tipos de seres–, son liberados de sus respectivos sufrimientos como seres infernales, pretas, animales y otros; sus cuerpos se transforman de manera vívida en el cuerpo iluminado del noble, el Gran Compasivo. Todos los sonidos ordinarios que producen los seres, así como los sonidos de los elementos inanimados del mundo, se convierten en la resonancia naturalmente manifiesta del mantra secreto de seis sílabas. Todos los pensamientos y eventos que surgen en la mente se purifican de su aspecto confundido y se muestran como la mente iluminada del Noble, conciencia y vacuidad inseparables. Por lo tanto, percibimos las apariencias en su aspecto puro como la manifestación del cuerpo iluminado de Avalokita, así como su reino puro, donde todo sonido es como el sonido del mantra secreto, y toda la actividad mental es conciencia pura y vacía que se manifiesta como la mente iluminada. De esta manera, contemplamos las apariencias de nuestro cuerpo, palabra y mente, y las de todos los demás seres, como inseparables de la manifestación del cuerpo, palabra y mente iluminados del noble, el Gran Compasivo.

Con esta percepción, reposamos en absorción meditativa en el estado extraordinario que abarca y penetra todo, más allá de los conceptos, sin aferramiento ni fijación, y nos preparamos para recitar el mantra de seis sílabas.

En respuesta a nuestra súplica decidida, hecha al noble Avalokita con total concentración, irradian de su cuerpo brillantes rayos de luz iridiscente de cinco colores. Como se explicó anteriormente, los rayos de luz nos purifican a nosotros y a todos los demás seres de las percepciones kármicas impuras y de los estados mentales confundidos. Estos rayos de luz ponen de manifiesto que el mundo exterior es el Gozoso Reino Puro, y que el cuerpo, la palabra y la mente de todos los seres que lo habitan son inseparables del cuerpo, palabra y mente iluminados de Avalokiteśvara. Esto significa que percibimos todas las apariencias como apariencias divinas, todos los sonidos como resonancia del mantra, y todos los pensamientos y la actividad que surge en la mente como la manifestación de la conciencia vacía. Estos tres aspectos de manifestación –apariencias, sonidos y pensamientos– son inseparables de su vacuidad.

Después de haber recitado el texto y completado en detalle la visualización descrita, repetimos el mantra de seis sílabas: OM MAṆI PADME HŪM. Debe tenerse en cuenta que la repetición del mantra es la parte principal de la práctica. El mantra en sí mismo es muy sencillo y consta de solo seis sílabas: OM, MA, ṆI, PAD, ME, HŪM. Al ser tan corto es muy fácil memorizarlo. Y una vez que lo hemos aprendido, libremente lo podemos recitar en cualquier momento, de modo que es particularmente conveniente incorporar este mantra a la práctica que estemos realizando. Más todavía, dado que está dotado de un significado profundo y de cualidades benéficas, el mantra de seis sílabas es de una insuperable grandeza, es el mantra soberano entre todos los mantras secretos.

El profundo significado del mantra secreto de seis sílabas se debe a que está relacionado con la condición del noble Avalokita como la personificación total del poder de la sabiduría de todos los buddhas. El mantra secreto de seis sílabas es en sí mismo la condensación del poder y la capacidad intrínsecas de la compasión de Avalokita y de toda la amplitud de su actividad iluminada. En otras palabras, las seis sílabas son la expresión concisa de la magnificencia de Avalokita y de su capacidad para conducir a los seres al estado de liberación y omnisciencia.

La primera sílaba es la sílaba OM. La sílaba blanca OM es una manifestación de la energía inherente a los cinco aspectos de la sabiduría del

Noble; es la expresión completa de las cualidades de esa sabiduría. De entre las seis virtudes trascendentes, posee la naturaleza de la *virtud trascendente de la meditación*. La sílaba OM nos purifica de la aflicción mental del orgullo como causa de sufrimiento. Asimismo purifica el sufrimiento resultante ocasionado por esa aflicción: tanto el sufrimiento general como el sufrimiento específico de la destitución y el declive que padecen los devas. Esta sílaba es inseparable del cuerpo iluminado y la actividad altruista de Indraśakra, el sabio vinculado con el reino de los devas. Es la manifestación formal del esplendor intrínseco de la *sabiduría de la igualdad*, uno de los cinco aspectos de la sabiduría. Guía a los seres de los seis estados al reino puro del sur de Śrīmat, el Glorioso, y trae como resultado la obtención del cuerpo iluminado del Buddha Ratnasambhava. Tales son el poder y las bendiciones de la sílaba OM.

La siguiente sílaba, MA, es de color verde. Esta sílaba surge de la energía del amor y la compasión incesantes e ilimitados del Noble por todos los seres; representa la actividad iluminada que emana de su benevolencia. Tiene la naturaleza de la virtud trascendente de la paciencia o la tolerancia. Purifica la aflicción mental de los celos como causa de sufrimiento; también purifica tanto el sufrimiento general resultante ocasionado por los celos, como el sufrimiento específico de las riñas y el conflicto que caracterizan al reino de los asuras. Esta sílaba es inseparable del cuerpo y la actividad iluminados de Vemachitra, el sabio vinculado con los asuras. De entre los cinco aspectos de la sabiduría, MA es la manifestación formal del esplendor intrínseco de la *sabiduría del logro infalible*. Guía a los seres de los seis estados al reino puro del norte, Karmaprasiddhi, el reino del Logro Total, y permite la obtención del cuerpo iluminado del Buddha Amoghasiddhi.

La tercera sílaba, NI, es de color amarillo. Surge de la energía de la extraordinaria compasión del Noble; una compasión que es espontánea porque no conlleva ninguna acción artificial, y es omnímoda porque se extiende y abarca a todos los seres de manera imparcial. Es semejante al vajra en tanto que es la conciencia atemporal inmutable que abarca totalmente el cuerpo, la palabra, la mente y la actividad iluminados. Es la sílaba que revierte el samsara de los seres sintientes y lo torna en la grandeza del nirvana. De entre las seis virtudes trascendentes, tiene la naturaleza de la *virtud trascendente de la disciplina moral*. Purifica el engaño de la conciencia dualista como causa de sufrimiento; purifica también tanto el sufrimiento general resultante producido por esa conciencia dualista, como el sufrimiento particular de los cuatro grandes ríos de sufrimiento, característicos de la existencia humana: nacimiento, envejecimiento, enfermedad y muerte. La sílaba ṆI es inseparable del cuerpo y actividad iluminados de Śākyamuni, el sabio del reino humano. Es la manifestación formal del resplandor inherente a la conciencia intemporal que existe por sí misma. Guía a los seres de los seis estados al reino completamente puro de Akaniṣṭha Dharmadhātu, el Reino Insuperable del Espacio Básico de los Fenómenos, y permite la obtención del cuerpo iluminado del sexto buddha, Buddha Vajradhara.

La siguiente sílaba, PAD, es de color azul. Esta sílaba surge de la energía inherente a la compasión imparcial e ilimitada del noble, el Gran Compasivo; representa el cuerpo iluminado. De entre las seis virtudes trascendentes, tiene la naturaleza de la *perfección trascendente de la sabiduría*. Purifica la aflicción causal de la confusión; purifica también el sufrimiento general resultante producido por esa aflicción y, en particular, los innumerables sufrimientos que padecen los animales, tales como la opacidad mental, la estupidez y el ser esclavizados por los seres humanos. PAD es inseparable del cuerpo y actividad iluminados de Sthirasiṃha, el sabio que se hace presente para beneficiar a los animales. De entre los cinco aspectos de la sabiduría, esta sílaba es la manifestación formal del resplandor intrínseco de la *sabiduría como el espacio básico de los fenómenos*. Conduce a los seres de los seis estados al reino puro central de Ghanavyūha, el Ataviado Profusamente, y permite el logro del cuerpo iluminado del Buddha Vairochana.

La siguiente sílaba, ME, es de color rojo. La ME se manifiesta como expresión dinámica del gozo y la compasión ilimitados y empáticos del

Noble, que se extienden por igual hacia todos los seres; es la sílaba de la palabra iluminada. De entre las seis virtudes trascendentes, tiene la naturaleza de la *virtud trascendente de dar*. Purifica tanto la codicia como la tacañería que se deriva de ésta, ambas causas de sufrimiento. Purifica el sufrimiento general ocasionado por estas emociones perturbadoras e igualmente purifica el sufrimiento específico del hambre y la sed que padecen los pretas. La sílaba ME es inseparable del cuerpo y actividad iluminados de Jvālāmukha, el sabio vinculado al reino de los pretas. Se trata de la manifestación formal del resplandor propio de la *sabiduría que discierne*, uno de los cinco aspectos de la sabiduría. Conduce a los seres de los seis estados al reino puro occidental de Sukhāvatī, el Gozoso, y asegura el logro del cuerpo del Buddha Amitābha.

La sexta sílaba, HŪṂ, es de color negro. Esta sílaba manifiesta la energía inherente a la compasión ilimitada del noble Avalokita, compasión que mira a todos los seres con el afecto bondadoso de una madre por su único hijo. HŪṂ representa la mente iluminada. De entre las seis virtudes trascendentes, tiene la naturaleza de la *perfección trascendente de la sabiduría*, mediante la cual se reconoce la naturaleza última de las cosas. Purifica el estado causal de la fijación dualista a la idea de "yo" y "otro", así como la ira que experimentan los seres como consecuencia de esa distorsión cognitiva. Purifica también el sufrimiento general resultante producido por estas aflicciones y, en particular, purifica el martirio del calor y el frío extremos que padecen los seres en los reinos infernales. La sílaba HŪṂ es inseparable del cuerpo y actividad iluminados de Dharmarāja, el sabio vinculado a los reinos infernales. Es la manifestación del resplandor intrínseco de la *sabiduría igual al espejo*. Conduce a los seres de los seis estados al reino puro oriental de Abhirati, el reino del Gozo Manifiesto, y trae como resultado el logro del cuerpo iluminado del Buddha Akṣobhya.

De este modo, el mantra de seis sílabas abarca todo el poder de la ilimitada actividad iluminada de Avalokita, la actividad de sumergirse en las profundidades del samsara para arrancar a los seres de los seis tipos de sus respectivos estados de sufrimiento. Este mantra de seis sílabas, supremo soberano de entre los mantras secretos, debe repetirse tantas veces como se pueda como parte principal de nuestra sesión de práctica. Existe una buena razón para centrar la atención en la repetición del mantra de seis sílabas. En la región del Himalaya, el gran siddha Karma Pakshi (1206-1283) se dedicó a una vasta e inconcebible actividad iluminada para beneficiar los seres de la era degenerada; esa actividad estaba basada principalmente en el mantra de seis sílabas. Era común para los tibetanos devotos practicantes de las seis sílabas acumular gran número de repeticiones: trescientos millones, quinientos millones, setecientos millones o más. Como consecuencia, en la vida de estos individuos surgían todo tipo de cualidades especiales y signos extraordinarios, como lo evidencian incontables narraciones. Por esta razón, el mantra de las seis sílabas se convirtió, en gran medida, en la forma de práctica más extendida en gran parte de las regiones tibetanas y del Himalaya. Sin embargo, su importancia no se limita a esa parte del mundo: en estos tiempos degenerados de conflicto y disturbios, en que los seres en todo el mundo sufren de emociones excepcionalmente agitadas, adoptar el mantra de seis sílabas como nuestra práctica principal creará un enorme poder para aliviar condiciones adversas. Ello es así, porque es un método especial dotado de las cualidades extraordinarias y el profundo significado que hemos explicado anteriormente.

Volviendo al contexto de la sesión de práctica; una vez que hemos recitado el mantra suficientes veces o cuando nuestro tiempo se ha terminado, continuamos con la etapa siguiente: la disolución. Hasta ahora, hemos mantenido la visualización clara del cuerpo del guru Avalokita como si estuviera realmente presente sobre nuestra cabeza, mientras los rayos de luz de su cuerpo han revelado que todo lo que aparece y existe es en realidad la manifestación de Avalokita y su reino puro. Ahora, en la etapa de la disolución, todo el entorno de ese reino puro se funde en luz y se disuelve en el guru Avalokita sobre nuestra coronilla. Guru Avalokita a su vez se funde en luz y se disuelve en nosotros. Finalmente, nosotros también nos disolvemos en luz y reposamos en el estado de lúcida vacuidad. En este momento, la experiencia de lúcida vacuidad es tal que permanecemos sin el *triple marco de referencia*, lo cual significa que no concebimos nada en términos de pasado, presente o futuro. De hecho, soltamos completamente cualquier noción de nosotros mismos como distintos de otros, o visualizando la forma de la deidad o repitiendo el mantra. Sencillamente dejamos ir cualquier elaboración conceptual como, por ejemplo, las nociones de existencia o no existencia, ser o no ser, o vacío y no vacío. Moramos en un estado libre de puntos conceptuales de referencia. En este estado, las apariencias, los sonidos y la conciencia son experimentados como inseparables de su vacuidad. Se trata de un estado en el que no hay distinción entre objeto observado y mente que observa. Este estado extraordinario, omnipresente, eternamente inmutable, el espacio básico de los fenómenos, o dharmadhātu, es el corazón iluminado del Noble mismo. En este estado ecuánime, reposamos en absorción meditativa todo el tiempo que podamos. Esta experiencia de permanecer absorto en la verdadera naturaleza de la mente, o en la vacuidad de la mente, constituye la fase final, la *fase de conclusión*. Es la experiencia de la naturaleza intrínseca e inmutable de la mente tal como es: la realidad absoluta más allá de toda construcción o elaboración mental. Cuando hablamos de "reposar ecuánime" o "posar la mente en ecuanimidad", no nos referimos a entidades sustanciales: no se trata de colocar algo en alguna parte; más bien, lo que implica el uso de dichas palabras y conceptos es la experiencia directa de aquello a lo que se están refiriendo: el estado natural no dual.

# 4. Integrar la práctica en nuestra experiencia

La cuarta parte del comentario describe la fase siguiente, que consiste en llevar la práctica a nuestra experiencia. En este momento, emergemos del precedente estado de absorción meditativa y continuamos como se indica a continuación. Todas las entidades sustanciales que aparecen como "yo" y "otro" –que normalmente serían fenómenos ordinarios compuestos de los cinco elementos básicos, incluidos también los elementos del entorno natural tales como la tierra, las piedras y las montañas–, se consideran aquí el cuerpo iluminado del noble, el Gran Compasivo. Sin embargo, la manera en que se mantiene esta percepción ahora, difiere de la forma en la que se cultivó anteriormente. Al comenzar la práctica, en la fase de creación, desarrollamos una visualización clara de la forma de la deidad y de todos sus detalles específicos. A diferencia de lo que hicimos antes, en este momento no visualizamos nuestro alrededor y sus habitantes con la forma del Gran Compasivo. En lugar de eso, sencillamente reposamos en la confianza de saber que son, en realidad, la manifestación del Gran Compasivo, sin visualizar nada en particular. Igualmente, concebimos todos los sonidos, los producidos por seres vivos, animados, y los que surgen de los elementos inanimados, tales como el viento, el agua y el fuego, como si fueran el sonido melodioso de la palabra iluminada del Noble, así como el mantra de seis sílabas. Asimismo, consideramos todos los pensamientos y la actividad que surge en nuestra mente como la mente iluminada del Noble –el estado original del dharmakāya, conciencia y vacuidad más allá de toda elaboración.

Mantenemos esta percepción en el periodo posterior a nuestra sesión de práctica, y permanecemos en este estado de conciencia surgido de la meditación. Cuando llevamos a cabo nuestras actividades y en nuestro comportamiento, ya sea que estemos en movimiento, recostados, sentados o hablando, evitamos la fijación conceptual arraigada en la percepción ordinaria. Al hacer esto, reforzamos la absorción en la triple conciencia, mediante la cual experimentamos todas las apariencias como si fueran la deidad, todo sonido como si fuera su mantra y todos los pensamientos como su mente despierta. De este modo, la práctica consiste en permitir que nuestra experiencia fenomenológica habitual sea informada por la triple conciencia de que todas las cosas son, en realidad, manifestaciones puras del cuerpo, palabra y mente iluminados. Esto se expresa de manera suscinta en el siguiente pasaje que recitamos:

Mi apariencia física y la de los demás es el cuerpo del Noble.
Los sonidos son la melodía de las seis sílabas.
Los pensamientos son la esfera de la gran sabiduría primordial.

# 5. Dedicación de la virtud y plegarias de aspiración

Hemos explicado ya cómo permanecer en un estado de conciencia posmeditativa, así que ahora llegamos a la quinta sección del comentario, la conclusión, que consiste en dedicar la virtud al logro del despertar y hacer las plegarias de aspiración.

> Que por esta virtud pueda realizar
> pronto el estado de Avalokiteśvara
> y establecer a todos los seres sin excepción
> en ese mismo estado.

Como conclusión de la meditación de la deidad y la repetición del mantra, dedicamos todas las fuentes de virtud que hayamos generado en nuestro continuo mental desde tiempos sin principio, para el beneficio de todos los seres por igual. Hacemos esta dedicación con la aspiración de que la insuperable acumulación de mérito que de esto nazca, asegure que logremos, tan pronto como sea posible, el supremo estado de ser esencialmente iguales al noble Avalokiteśvara. Asimismo, hacemos surgir la aspiración de que por la virtud de ese logro, obtengamos el poder que nos permita establecer a todos los seres a través del espacio, sin una sola excepción, en el mismo estado del noble y sublime, el Gran Compasivo —el estado del despertar perfecto y completo.

Que, por el mérito de meditar y recitar de este modo,
tan pronto como nos desprendamos de este cuerpo impuro,
yo y todo los seres conectados conmigo
renazcamos milagrosamente en Sukhāvatī.

Como se explicó anteriormente, recitamos las palabras recordando su sentido, con alerta mental y claridad.

Llegados a este punto, se pueden incluir, a voluntad, todas las plegarias de aspiración pura que deseemos, ya que es la manera habitual de concluir prácticas como ésta. Las plegarias de aspiración específicas pueden variar dependiendo de lo que tengamos a nuestra disposición y lo que queramos incluir. En cualquier caso, cuantas más aspiraciones hagamos al final será mejor, porque aumentan el beneficio de la práctica.

Lo ideal es que la práctica se lleve a cabo con una contemplación exhaustiva del significado del mantra de seis sílabas, como se describió anteriormente, recordando la función con la que se relaciona cada sílaba, buddha, reino puro y así sucesivamente. Sin embargo, para algunas personas no es posible meditar en cada nivel del significado intrínseco de la práctica. Estos practicantes pueden hacer una versión simplificada de la misma, de la siguiente manera.

Empezamos con la preparación, tomando refugio y generando bodhichitta, como se explicó antes. Después, siguiendo con la parte principal de la práctica, concentramos nuestra atención en la visualización en la que hacemos súplicas al noble y sublime Avalokita, que aparece por encima de nuestra cabeza. Pensamos que está realmente presente ahí con la forma que describe el texto. Le imploramos varias veces de este modo: "Guru Avalokita, piensa en mí".

Proseguimos con la recitación de OṂ MAṆI PADME HŪṂ, de la que doy a continuación una interpretación alternativa: La primera sílaba OṂ es la sílaba que representa los cinco aspectos de la sabiduría prístina, cada uno de los cuales se relaciona con uno de los cinco kāyas. Las siguientes dos sílabas constituyen la palabra MAṆI, la cual significa "joya". Las dos siguientes componen la palabra PADME, que significa "sostener el loto". Por consiguiente, MAṆI PADME puede entenderse como "Joya que sostiene el loto", que es un epíteto para el noble Avalokita. La última sílaba, HŪṂ, significa la actividad iluminada de proteger del sufrimiento a los seres de los seis estados. De acuerdo con esa interpretación, hacemos la súplica a Avalokita pensando: "Joya que sostienes el loto, personificación de los cinco kāyas y cinco aspectos de la sabiduría, por favor protege a todos los seres de los seis estados de sufrimiento". Y recitamos el mantra de seis sílabas tantas veces como nos sea posible.

A continuación, el guru Avalokita, profundamente complacido, se funde en luz y se disuelve en nosotros. En este momento, pensamos con una confianza que no deja lugar a dudas: "Ahora, la sabiduría del Noble ha penetrado en mi ser físico, verbal y mental". Por último, concluimos con la dedicación y las plegarias de aspiración.

Al hacer la práctica aunque sea a este nivel de comprensión, con toda certeza obtendremos todos los beneficios descritos en la sección final que se presenta más adelante. Por tal razón, el autor del comentario sobre esta práctica, el Karmapa Khakhyap Dorje, nos alienta a todos a realizarla con una actitud de aprecio y entusiasmo. Esto cobra una relevancia especial si pensamos que, si bien algunos practicantes pueden ser especialmente avanzados y capaces de manejar formas de práctica más largas y detalladas, no todos podemos hacerlo. Algunos de nosotros quizás tengamos poca inclinación hacia un aprendizaje exhaustivo, en cuyo caso podemos sentirnos un tanto inadecuados ante los desafíos de la práctica y por ende, dudar de nuestra capacidad. No obstante, según Khakhyap Dorje, no hay ninguna razón para albergar tales dudas porque aunque optemos por el enfoque más sencillo de la práctica, como el descrito anteriormente, acumularemos el mismo mérito extraordinario que otros pudieran lograr con un enfoque más elaborado.

# 6. Beneficios de la práctica

Hemos terminado la explicación de todas las partes que conforman la práctica, empezando con el proceso de tomar refugio y el desarrollo de la bodhichitta, seguido de los elementos principales: la meditación en la deidad y la repetición del mantra. A estas alturas podríamos preguntarnos: ¿Cuál es el significado general de la práctica y cuáles son los beneficios de hacerla? Esta pregunta tiene que responderse porque, para llevar a cabo esta práctica con la perspectiva correcta, necesitamos entender no solo los principios en los que se basa sino también los beneficios que se obtendrán por la virtud de los esfuerzos realizados. Con base en este entendimiento podremos desarrollar entonces una práctica con conocimiento de causa.

Así pues, la sexta parte del comentario es una descripción de los beneficios. Se afirma aquí que los beneficios de esta práctica –la meditación de la deidad y la repetición del mantra del noble Avalokita– son, a decir verdad, inconmensurables: son tan extraordinarios que no existen palabras que puedan expresar todo su alcance. No obstante, para brindar una idea de cuáles son esos beneficios, se proporciona la siguiente descripción.

Primero se señalan los beneficios de visualizar y recordar la forma de la deidad. La deidad puede visualizarse de varias maneras. Por ejemplo, puede aparecer sobre nuestra coronilla o podemos aparecer nosotros mismos como la deidad. De cualquier modo que sea concebida, la importancia de traer a la mente la forma de la deidad se declara en el tantra raíz *Padmajala* o *Red de loto*: "La reunión de todos los buddhas en la visualización de un único mandala del cuerpo iluminado, es la forma del protector Avalokita". El mandala al que se refiere aquí es la manifestación de la forma de Avalokita tal como se genera en el proceso de visualización, siendo dicha forma la personificación de todos los seres iluminados. "Más aún, meditar en esa forma o recordarla, purifica toda negatividad, incluyendo las cinco acciones de retribución inmediata". Con solo traer a la mente la apariencia del noble, el Gran Compasivo, incluso el peor de los karmas será eliminado.

En cuanto a los beneficios de repetir las seis sílabas, el soberano entre todos los mantras secretos, deberíamos entender que no hay distinción en lo que se refiere al género: sea hombre o mujer, los beneficios potenciales de este mantra son exactamente los mismos. El mahāguru Padmākara dejó el extraordinario legado de las impecables palabras de nuestro maestro, Śākyamuni, el Buddha victorioso y completamente perfecto, para la gente del Tíbet. Preservó este regalo de las palabras del Buddha ocultándolas en forma de tesoros. De esas numerosas enseñanzas escondidas, algunas fueron descubiertas posteriormente por el vidyādhāra Jatsön Nyingpo, un emanado revelador de tesoros de legitimidad indiscutible. La siguiente descripción proviene de esos tesoros revelados por él.

"El mantra de seis sílabas OṂ OṂ MAṆI PADME HŪṂ es la personificación completa de la conciencia iluminada de todos los buddhas". Por lo tanto, este mantra representa la realización absoluta de todos los seres despiertos. "Es la esencia que condensa la totalidad de las 84.000 enseñanzas del Dharma. Es el corazón de las cinco familias de seres despiertos y de todos los maestros de secretos. De hecho, cada una de sus seis sílabas constituye una instrucción esencial que es, en sí misma, la suma de las 84.000 colecciones del Dharma mencionadas. Es la fuente de la que surgen todos los sugatas y todas las cualidades de la perfección. Es la raíz de todos los logros espirituales, incluyendo todas las formas de beneficio y felicidad" –tanto la felicidad del samsara como la verdadera paz del nirvana. "Sirve como el sendero grandioso que conduce a los reinos más elevados y a la liberación". Así, mediante las seis sílabas, los seres pueden lograr el bienestar de los humanos y de los devas; y más allá de eso, como śrāvakas, pratyekabuddhas o bodhisattvas, pueden lograr la liberación del samsara.

"Quienquiera que escuche tan solo una vez este mantra de seis sílabas –este mantra que es la esencia de todo el Dharma, la sublime palabra iluminada– logrará el nivel de no retornante". Es decir, que al no regresar jamás de manera ordinaria a la existencia cíclica, tiene seguro su progreso definitivo hacia la buddheidad. "Esa persona se convierte en guía extraordinario que libera a los seres del océano de la existencia. Si un insecto u otro animal a las puertas de la muerte escucha el sonido del mantra de seis sílabas, será liberado de ese cuerpo inferior y logrará renacer en Sukhāvatī, el Reino del Gozo. La persona que tan solo piense en el mantra de seis sílabas, aun sin pronunciarlo en voz alta, será purificada de toda negatividad y oscurecimientos –de todo el karma negativo que haya acumulado durante sus vidas pasadas sin principio–, de la misma manera que el sol brilla radiante sobre la nieve. Una vez purificados, renacerán en el Reino del Gozo. Tener contacto con este mantra de la manera que sea, asegura que se recibirá la iniciación de incontables buddhas y bodhisattvas de las cinco familias de seres iluminados. Meditar en este mantra aunque sea una sola vez sirve como aprendizaje, reflexión y meditación. En resumen, en virtud de las seis sílabas, toda experiencia fenomenológica se manifestará como dharmakāya y será revelado el gran tesoro de la actividad iluminada para el beneficio de los seres".

El texto continúa con lo siguiente: "Nobles hijos y nobles hijas, ustedes podrían, por ejemplo, cuantificar el peso del Monte Meru, rey entre todas las montañas, pesándolo con una báscula, pero no podrían cuantificar el mérito que se obtiene de recitar una sola vez el mantra de seis sílabas. Podríamos tomar la más suave muselina de Kashi y con ella frotar la superficie de una montaña de roca sólida, una sola vez cada cien años, y aun así podríamos desgastar la roca en su totalidad, pero en cambio no podríamos cuantificar el mérito que proviene de recitar una sola vez el mantra de seis sílabas. De la misma manera, podríamos vaciar el inmenso océano gota a gota, pero en cambio no podríamos agotar el mérito que se obtiene de recitar una sola vez el mantra de seis sílabas. Podríamos contar cada una de las partículas más pequeñas de la nevada región del Tíbet, o cada una de las hojas de un inmenso bosque, en cambio, no podríamos calcular la cantidad de mérito que se obtiene de recitar una sola vez el mantra de seis sílabas. Asimismo, si una construcción del tamaño de cien leguas estuviera totalmente llena de pequeñas semillas de sésamo y quitáramos una semilla al día, aún así podríamos eventualmente llegar a vaciar la construcción por completo, en cambio, no podríamos medir la cantidad de mérito que se obtiene de recitar una sola vez el mantra de seis sílabas. Del mismo modo, podríamos contar cada gota de lluvia caída durante doce meses, pero no podríamos medir la cantidad de mérito que se obtiene de recitar una sola vez el mantra de seis sílabas.

"Es así, nobles hijos: aunque no sea necesario seguir describiendo esto con más detalle, ustedes podrían medir la cantidad de mérito que se obtiene de servir y honrar a diez millones de tathāgatas —buddhas perfectos, completamente despiertos como yo— pero no podrían medir la cantidad de mérito que se obtiene de recitar una sola vez el mantra de seis sílabas. Se corta el paso al nacimiento en los seis estados mediante la recitación del mantra de seis sílabas, OṂ MAṆI PADME HŪṂ. Igualmente, recitando el mantra de seis sílabas, OṂ MAṆI PADME HŪṂ, se recorren los senderos y niveles de las seis virtudes trascendentes. Todos los estados mentales contaminados causados por el karma, las aflicciones mentales, las huellas y las tendencias acumuladas en el continuo del individuo, son purificados al recitar el mantra de seis sílabas. Asimismo, la persona que recita este mantra desarrolla los reinos puros del dharmakāya, sambhogakāya y nirmāṇakāya". Esa persona se vuelve capaz de guiar a otros seres a esos reinos y obtiene mérito y cualidades en abundancia.

"¡Hijos nobles, escuchen! Por la virtud de las bendiciones de todos los buddhas victoriosos, este mantra del corazón, la quintaesencia –el mantra de seis sílabas que es su palabra iluminada– es la fuente de todo beneficio y felicidad en el mundo sin excepción. Es la raíz de todos los logros espirituales sin excepción" –tanto absolutos como comunes. El mantra sublime de seis sílabas "es la escalera que conduce a los reinos superiores de los devas y los humanos. Es el guardián que cierra el camino a los reinos inferiores" –infernales, de los pretas y los animales. El mantra sublime de seis sílabas "es la nave que libera a los seres del océano de sufrimiento sin principio" en los tres reinos del samsara. Debido a los velos de la ignorancia sin principio, los seres ordinarios no han alcanzado la sabiduría de la buddheidad que conoce la naturaleza de todas las cosas, así como su diversidad. Como la luz de una antorcha que ilumina un lugar oscuro, el sublime mantra de seis sílabas disipa los oscurecimientos de los seres, al revelar su naturaleza búdica (sugatagarbha) innata como el dharmakāya, o conciencia-vacuidad como mahāmudrā. Los seres están abrumados por los cinco estados mentales venenosos –las emociones perturbadoras de la codicia, la ira, el engaño, el orgullo y los celos. El mantra sublime de seis sílabas es el gran héroe que, sin la contaminación de tales aflicciones, es capaz de vencerlas en el mismo instante en que surgen. El mantra sublime de seis sílabas "es el gran fuego que quema fácilmente la negatividad" que conduce al renacimiento en estados inferiores y los oscurecimientos que impiden la liberación y la omnisciencia. El mantra sublime de seis sílabas "es como un martillo que aplasta todo sufrimiento", sin excepción. Los seres de los confines son los que viven en tiempos degenerados, tienen las peores aflicciones y son los más difíciles de disciplinar y conducir a la buddheidad. El mantra sublime de seis sílabas "es el mejor remedio para disciplinar a tales seres. Es la herencia espiritual de la tierra nevada del Tíbet. El mantra sublime de seis sílabas es el meollo que unifica la esencia de todos los sutras, tantras y śāstras, así como el aprendizaje, la reflexión y la meditación en su conjunto".

Por lo tanto, el mantra sublime de seis sílabas "es como un precioso soberano, es un método sin par que vale por sí mismo": gracias a él, los seres pueden lograr la liberación del samsara y el estado omnisciente de la buddheidad perfecta.

Sabiendo que escuchar, entender y contemplar su significado conducirá a la liberación de las aflicciones y los sufrimientos de la existencia y, en última instancia, a la realización misma del despertar perfecto, aquellos que son inteligentes y prudentes deberían recitar siempre el mantra de seis sílabas.

Como puede deducirse de todo lo anterior, el poder y los beneficios del mantra de seis sílabas fueron tratados extensamente en las palabras del Buddha y en las enseñanzas descubiertas por los grandes reveladores de tesoros. Son tantos los acontecimientos relacionados con este mantra en la literatura que no es posible enumerarlos todos.

Si recitamos el mantra sublime de seis sílabas tan solo una vez con fe auténtica, podemos tener la certeza de que experimentaremos todos los beneficios descritos anteriormente. No desaprovechemos las tres puertas de nuestro ser, el cuerpo, la palabra y la mente, dejándolas en un estado de mediocridad. Adoptemos estos medios para generar una virtud inmensa; son sencillos y fáciles y, sin embargo, extraordinariamente valiosos. Tomemos el compromiso de practicar siempre el mantra de seis sílabas; recitémoslo tanto como nos sea posible, todos los días, sin falta. Podríamos recitar el mantra diez mil veces al día o cien veces al día. Hagámoslo para asegurarnos de que nuestra vida humana sea verdaderamente significativa.

En la historia pasada de nuestras existencias, no hemos tenido tantos nacimientos como seres humanos. Hemos sufrido debido a que no nos hemos encontrado con un Dharma como éste y, por consiguiente, no hemos tenido la oportunidad de practicarlo. Aparte de algún nacimiento esporádico en los reinos superiores, nos hemos visto forzados a ir de un estado desafortunado a otro, una y otra vez. En esta ocasión, a causa de nuestros méritos y karma afortunado, no solo hemos nacido como seres humanos sino que tenemos la oportunidad ideal de llevar a cabo la práctica del noble, el Gran Compasivo y su palabra iluminada en la forma del mantra de seis sílabas. Asimismo, Avalokita se presenta ante nosotros de manera directa como nuestro guía sublime, de acuerdo con nuestras disposiciones kármicas individuales, manifestándose de diferentes maneras en todo el mundo. Como sea que aparezca ante nosotros, el hecho de que ahora tengamos esta oportunidad tan afortunada de recibir las enseñanzas profundas del dharmachakra y de recitar el mantra sublime de seis sílabas, no se debe únicamente a la actividad iluminada del Buddha, sino también al poder del propio mérito individual que hemos acumulado en el pasado. Por estas razones, el Karmapa Khakhyap Dorje nos exhorta a practicar de todo corazón este medio insuperable de lograr el despertar definitivo.

Por último, el comentario concluye con el colofón del autor:

Noble, con la cuerda de tu compasión,
por favor rescata a los seres del océano de la existencia;
concédenos la seguridad del Monte Potala,
la tierra de la libertad total, el gozo absoluto y la liberación.

En esta plegaria al noble, el Gran Compasivo, la cuerda de la compasión adopta la forma de la guirnalda del mantra de seis sílabas, OṂ MAṆI PADME HŪṂ. Extiende su gracia salvadora a los seres de los tres reinos de existencia que se ahogan en el vasto océano de sufrimiento. Si esos seres se ponen en contacto con esa cuerda de salvación, pueden asirla y ser rescatados. Ser rescatados significa ser llevados al reino puro del Monte Potala, el reino de liberación completa, ausencia de sufrimiento, dificultades y miedo, y la experiencia de gozo duradero y bienestar. El autor concluye con la súplica al protector Avalokita: "Concédenos la seguridad de saber que nos rescatarás del sufrimiento de la existencia y nos llevarás a la seguridad y gozo de tu reino puro, el Monte Potala".

Así completamos la presentación del comentario sobre de la práctica *El bien de los seres que llena el espacio.*

# Preguntas y respuestas

PREGUNTA: Cuando los rayos de luz están purificando los diferentes reinos, siento que es más directo y efectivo si conecto con la kleśa específica para cada reino, principalmente en lo que se refiere a humanos y animales. Sin embargo, si intento imaginar las formas de los seres infernales o los devas, se vuelve un tanto más abstracto. ¿Debería seguir intentando imaginar las diferentes formas de los seres o puedo concentrarme principalmente en las kleśas correspondientes?

RINPOCHÉ: Aunque intentaras concebir las formas físicas específicas de todos los seres de cada uno de los seis reinos, no podrías hacerlo. No sabrías cuál es la apariencia física de cada ser, de manera que ese enfoque puede no ser provechoso. Lo que puede ser más útil es saber que cada uno de los seis reinos se manifiesta como resultado de cada una de las seis kleśas principales o aflicciones mentales predominantes. Por lo tanto, la personificación física de cada tipo de ser, así como el tipo de sufrimiento que experimentan y las apariencias de sus respectivos ambientes son un reflejo de su propia percepción kármica. Como se sugiere en la plegaria que describe a cada uno de los seis reinos, cuando recitas el mantra de seis sílabas, puedes pensar que el poder del mantra y la visualización purifica la kleśa fundamental de los seres en cada uno de los seis estados y, por consiguiente, los libera del sufrimiento. En cuanto a cómo se debe visualizar a esos seres durante la repetición del mantra, el método más sencillo es hacerlo como se indica en las instrucciones de la práctica: imagina a todos los seres, independientemente de sus respectivas formas ordinarias, apareciendo en la misma forma, la de Avalokita.

PREGUNTA: Rinpoché, ¿podría decirnos por favor en qué momento de la práctica se deben unir las manos en el mudrā de orar?

RINPOCHÉ: En esta práctica, unes las palmas de las manos en el gesto de plegaria, conocido también como añjali mudrā, en varios momentos: primero, mientras tomas refugio y generas la bodhichitta; después, durante la plegaria de las Siete Ramas; y una vez más, mientras haces plegarias a Avalokita.

PREGUNTA: En algunas thangkas podemos ver que Avalokita se encuentra en un lugar nevado, rodeado por montañas nevadas. ¿Debemos intentar visualizarlo así o solo deberíamos visualizarlo en un espacio infinito?

RINPOCHÉ: En general, es bueno visualizar el sol, la luna, las nubes y otros elementos del trasfondo, como se representan en las thangkas (pinturas sobre tela) tradicionales. Pero no tienes necesariamente que visualizar todos esos detalles. Al traer a la mente la apariencia de la deidad, su cualidad más importante es que aparezca tan magnífica como sea posible. Visualizas que aparece en la forma más exquisita que puedas imaginar.

PREGUNTA: ¿Cómo podemos utilizar esta práctica para ser más compasivos en nuestra vida diaria? ¿Cómo la podemos convertir en compasión activa?

RINPOCHÉ: Para desarrollar nuestra compasión al máximo de su potencial necesitamos la práctica de Avalokita. En general, es bueno para nosotros cultivar la compasión y normalmente podemos hacerlo hasta cierto punto. Pero, si no meditamos también en Avalokita y recitamos OM MANI PADME HŪM, le faltará fuerza a nuestra compasión. La práctica de visualizar a Avalokita y repetir el mantra de seis sílabas es un medio para desarrollar la calidad y la fuerza de nuestra compasión por otros seres. A medida que se desarrolla nuestra compasión, asimismo lo hará nuestra capacidad para ayudar a otros a obtener beneficio y bienestar temporal y absoluto. Al recitar OM MANI PADME HŪM con compasión, haciendo surgir la aspiración sincera de "que todos los seres se liberen del sufrimiento y las dificultades; que sean felices", estamos promoviendo el bienestar absoluto. De los diferentes métodos que podríamos utilizar, este es el medio más eficaz para lograr ese propósito.

PREGUNTA: ¿El poder del mantra es el mismo si se recita dentro del contexto de la sādhana o fuera de éste?

RINPOCHÉ: Si haces la forma completa de la práctica de la sādhana, incluyendo tanto la visualización de la deidad como la recitación del mantra, creo que el mérito de ambos elementos probablemente se combina y se genera así mucho más mérito. Sin embargo, esto no significa que el poder del mantra sea menor si lo recitas a medida que llevas a cabo tus actividades diarias. De hecho, simplemente recitar el mantra en el contexto informal de tu experiencia diaria, conlleva un beneficio potencial inconcebible.

PREGUNTA: Como seguidor del linaje Guelukpa, ¿está bien hacer esta práctica aunque al mismo tiempo siga teniendo una conexión con ese linaje?

RINPOCHÉ: Naturalmente, está muy bien que hagas esta práctica. Necesitamos entender que Avalokita no es exclusivo de una escuela particular del budismo tibetano. Su práctica no pertenece solo al linaje Sakya o Gueluk, Kagyu o Nyingma. Es la deidad especial de las tierras nevadas del Tíbet en su conjunto, sin distinción. Esto se refleja en el hecho de que incontables emanaciones de Avalokita en el Tíbet hayan aparecido como reyes, traductores, académicos y otros.

Además, debo señalar que en el Miktsema –una plegaria al Señor Tsongkapa (1357-1419), fundador de la escuela Gueluk– el mismo Señor Tsongkapa es descrito como "el gran tesoro de compasión sin referencia, Avalokita", así como "el maestro de conocimiento inmaculado, Mañjuśrī" y "el Señor de los Secretos, quien conquista todas las fuerzas de Māra". De este modo, se considera que es, no únicamente la manifestación del cuerpo iluminado de Avalokita sino también de la palabra iluminada de Mañjuśrī y la conciencia iluminada de Vajrapāṇi.

PREGUNTA: Dado que no sé tibetano, intento memorizar la melodía y leo las palabras en español. Ahora mismo intento colocar mi devoción en las palabras; no me enfoco mucho la visualización. ¿Está bien hacerlo así al principio?

RINPOCHÉ: Por supuesto, eso está perfectamente bien. De hecho, ese es un enfoque excelente, ya que empiezas por concentrarte en desarrollar tu entendimiento de lo que significan las palabras, lo cual te permitirá después concentrarte mejor en la visualización. Tu práctica será mucho mejor porque está basada en tu comprensión clara del significado.

PREGUNTA: Cuando estamos haciendo la petición a Chenrezik, hacemos la petición a él como el lama y como el yidam. ¿Qué significa que Chenrezik sea un yidam, y qué es un yidam?

RINPOCHÉ: Como señalaste, en las palabras de la plegaria del texto, Chenrezik es el lama y el yidam. Normalmente nuestro entendimiento de lo que quiere decir la palabra yidam consiste sobre todo en la noción de una imagen que está separada de nosotros, una imagen como la representada en la iconografía de las deidades, con varios colores, una actitud pacífica o iracunda, y otros atributos específicos. Sin embargo, el verdadero significado de la palabra yidam radica en el vínculo que se establece entre tu mente y la deidad. El yidam es la deidad a la que tu mente está inseparablemente vinculada hasta que logres el estado consumado de la buddheidad, la deidad en la que meditas con confianza firme, la deidad a la cual te encomiendas de manera absoluta bajo todas las circunstancias, incluyendo la experiencia del sufrimiento, las dificultades y la enfermedad. Esa deidad constituye el significado real de la palabra yidam. La mayoría de nosotros tendemos a concebir a la deidad yidam como una imagen que aparece con ciertos colores y atributos y, especialmente, una imagen separada de nosotros. De hecho, esa es una concepción equivocada. La convicción del vínculo que existe entre tu mente y la deidad es tal que, hasta que despiertes a la buddheidad, confías personalmente en esa deidad en el curso de toda tu experiencia, en especial cuando enfrentas sufrimiento y dificultades. Tu práctica se basa en el vínculo inmutable del compromiso con la deidad. Ese es el verdadero significado del yidam.

# Glosario

Los términos sánscritos que ya han sido incorporados al castellano están escritos aquí como aparecen en diccionarios de lengua española o como han sido adoptados por el uso general, con su ortografía sánscrita (incluyendo diacríticos) entre paréntesis. Se ha agregado una *h* después de *c* a palabras sánscritas cuyo sonido en español se pronuncia como *ch* (ej: bodhichitta).

ABHIRATI (Sánscr., *Tib. mngon-par dga'-ba*) El campo búdico oriental de Abhirati ("Gozo manifiesto") es el reino puro presidido por el Buddha Akṣobhya.

AKANIṢṬHA DHARMADHĀTU (Sánscr., Tib. *'og-min chos-kyi-dbyings*) El campo búdico de Akaniṣṭha Dharmadhātu ("Expansión absoluta de los fenómenos") es el reino puro presidido por el Buddha Vajradhara.

AKANIṢṬHA SUKHĀVATĪ (Sánscr., Tib. *'og-min bde-ba-can*) Akaniṣṭha Sukhāvatī ("Gozo supremo") es un sinónimo para el reino puro occidental más comúnmente conocido como Sukhāvatī.

AKṢOBHYA (Sánscr., Tib. *mi-bskyod-pa/ mi-'khrugs-pa*) Akṣobhya ("Imperturbable") es el buddha que preside el reino puro oriental de Abhirati. Generalmente se representa de color azul y sentado en la postura de piernas cruzadas, en ocasiones con un vajra como el atributo que simboliza a la familia Vajra de seres despiertos.

AMITĀBHA (Sánscr., Tib. *snang-ba mtha'-yas/ 'od-dpag-med*) Amitābha

("Luz infinita") es el buddha que preside el reino puro occidental de Sukhāvatī. Se representa generalmente de color rojo y sentado en la postura de piernas cruzadas, en ocasiones con un loto como el atributo que simboliza a la familia Padma ("Loto") de seres despiertos.

AMOGHASIDDHI (Sánscr., Tib. *don-yod grub-pa*) Amoghasiddhi ("Logro infalible") es el buddha que preside el reino puro del norte, Karmaprasiddhi. Generalmente se representa de color verde y sentado en la postura de piernas cruzadas, en ocasiones con un doble vajra en forma de cruz como atributo que simboliza a la familia Karma ("Acción") de seres despiertos.

AÑJALI MUDRĀ (Sánscr., Tib. *thal-sbyar phyag-rgya*) Gesto ritual con las manos en el que las palmas se unen a la altura del corazón.

ARHAT (Sánscr., Tib. *dgra-bcom-pa*) Un arhat ("el que ha prevalecido sobre el enemigo") es un individuo que ha logrado la cesación permanente de las causas de sufrimiento y del renacimiento y, por tanto, se ha liberado del samsara. La meta de los senderos śrāvaka y pratyekabuddha es el logro del nirvana individual y la condición de arhat. Sin embargo, dicho logro aún no es la realización de la buddheidad perfecta, la cual únicamente puede alcanzarse como consumación de un desarrollo espiritual más alto en el sendero del bodhisattva.

ASURA (Sánscr., Tib. *lha-ma-yin*) De los seis tipos generales de seres sintientes, los asuras ("semidioses") constituyen uno de los tres estados superiores del samsara, siendo una condición intermedia entre los devas y los humanos. Su existencia se caracteriza por riñas y conflictos constantes, motivados por el intenso resentimiento ante la prosperidad superior de los devas. En términos de aflicciones mentales, la causa para renacer como asura puede ser el predominio de la envidia en vidas previas.

BODHICHITTA (Sánscr. *bodhicitta*, Tib. *byang-chub-kyi sems*) La bodhichitta ("la mente del despertar" o "el espíritu de la iluminación") es la intención altruista de alcanzar la buddheidad perfecta para beneficio de todos los seres sintientes, y el proceso de desarrollo de dicha motivación mediante la práctica de la virtud. Es el elemento principal que define el sendero espiritual de un bodhisattva, e implica el cultivo de las cualidades de amor, compasión y sabiduría no dual, así como el entrenamiento en las seis virtudes trascendentes (*pāramitās*): generosidad, disciplina moral, paciencia, diligencia, meditación y conocimiento.

BODHICHITTA DE ACCIÓN (Tib. *'jug-pa sems-bskyed*) Es el proceso de entrenar activamente en la virtud para realizar la intención altruista de alcanzar la buddheidad perfecta, con el fin de beneficiar a todos los seres sintientes. Se diferencia de la bodhichitta de aspiración que consiste únicamente en la motivación básica.

BODHICHITTA DE ASPIRACIÓN (Tib. *smon-pa sems-bskyed*) La sola intención de alcanzar la buddheidad perfecta para el beneficio de todos los seres sintientes, a diferencia del proceso subsiguiente de actuar realmente llevando esa motivación a la práctica.

CHANDRAKĪRTI (Sánscr. *Candrakīrti*, Tib. *zla-ba grags-pa,* siglo VII) Chandrakīrti ("Luna Ilustre") fue un erudito budista indio, especialmente reconocido en la tradición tibetana posterior. Autor prolífico, sus trabajos incluyen un elogio ferviente a Avalokiteśvara, así como varios comentarios filosóficos. En particular, es considerado uno de los principales exponentes de la escuela Madhyamaka ("Camino medio") Prāsaṅgika ("Consecuencia").

DEVA (Sánscr., Tib. *lha*) De los seis tipos generales de seres sintientes, los devas ("dioses") constituyen el más alto de los tres estados favorables del samsara. Su existencia se caracteriza por una gran prosperidad y vidas sumamente prolongadas. En términos de aflicciones mentales, el predominio del orgullo en vidas previas puede ser causa de renacer como deva.

DHARMACHAKRA (Sánscr. dharmacakra, Tib. *chos-kyi 'khor-lo*) El giro de la dharmachakra ("rueda del Dharma") es una metáfora que se refiere a cualquiera de los tres ciclos principales de las enseñanzas que dio el Buddha. Por extensión, también puede referirse a cualquier enseñanza de Dharma presentada formalmente por un maestro budista.

DHARMADHĀTU (Sánscr., Tib. *chos-dbyings*) Dharmadhātu ("espacio de dharma") es el espacio básico en el cual se manifiestan todos los fenómenos. Es sinónimo de la vacuidad como realidad omnipresente y absoluta. En la visión pura de un ser iluminado, esta espaciosidad es plenamente experimentada como conciencia intemporal o sabiduría (*jñāna*). Desde la misma perspectiva, también se le llama "dharmakāya".

Glosario

DHARMAKĀYA (Sánscr., Tib. *chos-sku*) Dharmakāya ("cuerpo iluminado de la realidad") es uno de los tres (o más) kāyas que representan varios aspectos del estado de logro de la buddheidad. Es un kāya sin forma, descrito como vacuidad esencial de la mente en su pureza primordial no nacida y luminosa. Lograr su realización tiene como resultado la manifestación de las cualidades iluminadas y la sabiduría inherente a éstas y, por tanto, constituye la forma consumada de beneficio para uno mismo.

DHARMARĀJA (Sánscr., Tib. *chos-kyi rgyal-po*) Sabio (muni) en forma de nirmānakāya cuya actividad iluminada se asocia con los reinos infernales.

GHANAVYŪHA (Sánscr., Tib. *stug-po bkod-pa*) El campo búdico central de Ghanavyūha ("Densamente formado") es el reino puro presidido por el Buddha Vairochana.

GUELUK (Tib. *dge-lugs*) De las cuatro principales escuelas de budismo tibetano, la escuela Gueluk ("Sendero de virtud") fue la última en surgir. Fundada por Tsongkapa Losang Drakpa (1357-1419), se desarrolló a partir de la anterior tradición Kadampa del Señor Atiśa (m.1054). Esta escuela en particular ha estado asociada históricamente a la institución de los Dalai Lamas. El enfoque Gueluk se basa en el principio del Camino Gradual o Lamrim (lam-rim), que enfatiza un entrenamiento progresivo y riguroso en la disciplina monástica, los estudios filosóficos y el debate dialéctico.

INDRAŚAKRA (Sánscr., Tib. *dbang-po brgya-byin*) Sabio (muni) en forma de nirmānakāya cuya actividad iluminada se asocia con los reinos de los devas.

JATSÖN NYINGPO (Tib. *'ja'-tshon snying-po*, 1585-1656) Jatsön Nyingpo ("Esencia de arcoiris"), importante revelador de tesoros o tertön (*gter-sto*n) de la tradición Nyingma, descubrió varias enseñanzas-tesoro ocultas, de las cuales la mejor conocida es el ciclo La personificación de las joyas sublimes (*dkon-mchog spyi-'dus*).

JVĀLAMUKHA (Sánscr., Tib. *kha-'bar-ma*) Sabio (muni) en forma de nirmānakāya cuya actividad iluminada se asocia con el reino de los pretas.

KAGYU (Tib. *bka'-brgyud*) La escuela Kagyu ("Linaje de instrucción oral") es una de las cuatro escuelas principales del budismo tibetano. Se originó con maestros indios como Tilopa (988-1069) y Maitripa (siglo XI). De Gampopa (1079-1153), subsecuente maestro del linaje, se derivaron varias sub-escuelas, entre éstas las escuelas Drigung, Drukpa y Karma Kagyu. La tradición Kagyu enfatiza la práctica; sus características principales incluyen el sistema Mahāmudrā ("Gran sello") y prácticas yóguicas avanzadas como los Seis dharmas de Naropa (*nāro chos-drug*).

KALU RINPOCHÉ (Tib. *kar-lu rin-po-che*, 1905–1989) Kalu Rinpoché, también conocido como Karma Rangjung Künkyap *(karma rang-byung kun-khyab)*, fue uno de los primeros maestros tibetanos eminentes en viajar y desarrollar una intensa actividad dando enseñanzas alrededor del mundo, después de la ocupación del Tíbet por los chinos comunistas, a finales de la década de 1950. Estableció varios centros en diferentes países, incluyendo el primer centro en el occidente dedicado al tradicional programa de retiro de tres años de sus linajes, el Karma Kagyu y Shangpa Kagyu.

KARMA PAKSHI (Sánscr. *karma* y Mongol, *pakshi*, 1206–1283) Segundo Gyalwang Karmapa, cabeza de la escuela Karma Kagyu. Fue un maestro con grandes realizaciones, renombrado debido a sus poderes milagrosos y a su papel como guía espiritual del emperador mongol Möngke Khan (1209-1259). Entre sus múltiples logros, es reconocido por difundir ampliamente en Tíbet la práctica del mantra de seis sílabas, OM MANI PADME HŪM de Avalokiteśvara.

KARMAPRASIDDHI (Sánscr. Tib. *las-rab rdzogs-pa*) El campo búdico del norte de Karmaprasiddhi ("Realización de Actividad") es el reino puro que preside el Buddha Amoghasiddhi.

KĀYA (Sánscr., Tib. *sku*) Kāya ("cuerpo iluminado") se refiere a cualquiera de los varios aspectos de la manifestación de la buddheidad, incluyendo la personificación física. Una enumeración común de los kāyas es el trikāya ("tres cuerpos"): dharmakāya, sambhogakāya y nirmānakāya. Véanse cada uno de los tres términos.

KHAKHYAP DORJE (Tib. *mkha'-khyab rdo-rje*, 1871–1922) Khakhyap Dorje fue el decimoquinto Gyalwang Karmapa, cabeza de la escuela

Karma Kagyu. Como muchos de sus eminentes contemporáneos, fue conocido por su búsqueda ferviente de las enseñanzas y transmisiones de maestros de todos los linajes. Fue autor de numerosas obras, incluyendo el breve comentario práctico en el que se basa el presente libro, *Lluvia continua de beneficio para los seres: Notas breves sobre El bien de los seres que llena el espacio, la meditación y repetición del mantra del noble y sublime Avalokita ('phags-mchog spyan-ras-gzigs-ky ibsgom-bzlas 'gro-don mkha'-khyab-ma'i zin-bris nyung-bsdus 'gro-don char-rgyun*).

KLEŚA (Sánscr., Tib. *nyon-mongs*) Junto con el karma, las kleśas ("aflicciones mentales") constituyen la causa de sufrimiento y renacimiento en el samsara. En las enseñanzas aparecen varias enumeraciones de las aflicciones. Una de ellas es la lista de seis aflicciones que comprende el deseo, la ira, la ignorancia, el orgullo, la envidia y la avaricia. Cada una de las aflicciones antes mencionadas está conectada con el renacimiento en uno de los seis estados de existencia en el samsara. Todos los sistemas de práctica budista tienen como finalidad eliminar o trascender dichas emociones perturbadoras aplicando diversos métodos.

KṚṢṆASĀRA (Sánscr.) Especie ungulada nativa del subcontinente indio (probablemente el ciervo o antílope indio). Se considera tradicionalmente que el kṛṣṇasāra tiene una disposición gentil y generosa, de ahí que este animal o su piel en la iconografía budista simbolizan la cualidad de la compasión.

LAKṢMĪ (Sánscr., Tib. *dpal-mo,* siglos X-XI) Maestra consumada, Lakṣmī es mejor conocida como la creadora de la práctica de ñungné (*smyung-gnas*), el ayuno de purificación y la sādhana de Avalokiteśvara. Se cree que fue hija de Indrabhūti, Rey de Oḍḍiyāna. Renunció a su vida como princesa y se convirtió en bhikṣuṇī, o monja. Sufrió dificultades y sufrimientos extremos debido a la lepra, curándose finalmente a sí misma de esa enfermedad por medio de su perseverancia en la práctica de Avalokiteśvara.

MAHĀGURU (Sánscr.) Término honorífico que se refiere a un maestro espiritual eminente.

MAHĀMUDRĀ (Sánscr., Tib. *phyag-rgya chen-po*) Término que se refiere a la verdadera naturaleza de la mente, mahāmudrā significa "gran sello", e indica la realidad absoluta que abarca toda manifestación y experiencia fenomenológica. Como sistema completo de práctica, se presenta en términos de base, sendero y resultado (o visión, meditación y acción), que es el enfoque distintivo de la escuela Kagyu. Dicho enfoque forma parte también de la tradición Gueluk.

MAÑJUŚRĪ (Sánscr., Tib. *'jam-dpal*) Como deidad tántrica de meditación, se considera a Mañjuśrī ("El Gentil Glorioso") como la personificación del conocimiento iluminado y la sabiduría de todos los buddhas. Generalmente se le representa con un aspecto pacífico, sentado en la postura de piernas cruzadas y sosteniendo una espada y un libro.

MĀRA (Sánscr., Tib. *bdud*) A Māra se le personifica en los relatos de la vida del Buddha Śākyamuni como una fuerza antagonista que repetidas veces intenta impedir su despertar y su actividad iluminada. En un sentido más general, los māras básicamente representan cualquier cosa que constituya un impedimento u obstáculo para el logro de la liberación y la buddheidad. La clasificación de los māras en cuatro tipos comprende: 1) Los agregados de mente-cuerpo, 2) las aflicciones mentales, 3) el "niño divino" (que se refiere a la tendencia mundana de búsqueda de ocio y gratificación) y 4) la muerte común.

MONTE MERU (Tib. *ri-rab*) El Monte Meru es el eje central del mundo en la cosmología tradicional india. La literatura budista describe su colosal forma geométrica con niveles escalonados, con la cima plana y su base más ancha que su centro. Está rodeado por una asombrosa disposición de elementos que incluye cuatro continentes mayores (uno de los cuales, el continente del sur, Jambudvīpa, es el reino que habitamos), continentes menores y una serie alternada de océanos en forma de anillos concéntricos y cadenas montañosas.

NIRMĀṆAKĀYA (Sánscr., Tib. *sprul-sku*) Nirmāṇakāya ("cuerpo iluminado de emanación") es uno de los tres (o más) kāyas que representan varios aspectos del estado de logro de la buddheidad. Puede referirse a buddhas que aparecen en forma humana (como Śākyamuni), soportes artesanales o imágenes de buddhas, o bien otras manifestaciones de la actividad iluminada, incluyendo entidades no humanas e inanimadas.

Como uno de los kāyas con forma, perceptible a los seres sintientes comunes, constituye un medio para asegurar el beneficio supremo para los demás, a través de su actividad iluminada.

NIRVANA (Sánscr. *nirvāṇa*, Tib. *mya-ngan-las 'das-pa*) El nirvana ("estado más allá del sufrimiento") es el estado de paz que se obtiene al lograr la cesación permanente de las causas del sufrimiento y del renacimiento; así pues, es la liberación del samsara –meta que comparten todos los senderos budistas en general. En términos más específicos, el logro del nirvana individual es la meta de los senderos śrāvaka y pratyekabuddha. Con la culminación del sendero del bodhisattva, un buddha perfecto experimenta el "nirvana absoluto", el estado supremo de liberación que no está limitado al samsara ni al nirvana personal aislado de los arhats śrāvakas y pratyekabuddhas.

NYINGMA (Tib. *rnying-ma*) La escuela Nyingma ("Antigua") es la más antigua de las cuatro escuelas principales del budismo tibetano. Sus orígenes se remontan a los grandes maestros indios Padmasambhava, Vimalamitra, Śāntarakṣita, y otros que llevaron el budismo en su forma tántrica al Tíbet durante el siglo octavo. La tradición Nyingma tiende a enfatizar el tantra y las enseñanzas esotéricas, entre las que se incluyen las relacionadas con los reveladores de tesoros o tertöns (*gter-ston*), así como el Mahāsandhi, o Dzokchen ("Gran Perfección"), el más alto de sus nueve niveles progresivos.

PADMĀKARA (Sánscr., Tib. *padma 'byung-gnas*) También conocido como Padmasambhava ("Nacido del loto") y, por los tibetanos, como Guru Rinpoché ("Guru Precioso"), Padmākara es el gran maestro tántrico indio de Oḍḍiyāna, quien fue una de las figuras principales en la difusión temprana del budismo en el Tíbet durante el siglo octavo. Renombrado por sus poderes milagrosos, es especialmente reverenciado por los seguidores de la escuela Nyingma como un segundo Buddha. Es famoso por ocultar numerosas enseñanzas como tesoros secretos, a ser descubiertos en el futuro por reveladores de tesoros o tertöns (*gter-ston*), kármicamente destinados a ello.

PEMA KARPO (Tib. *padma dkar-po*) Bhikṣu, o monje, que fue una encarnación anterior de Thangtong Gyalpo (siglos XIV-XV). Compositor de la sādhana de Avalokita, *El bien de los seres que llena el espacio* (*'gro-don mkha'-khyab-ma*). Pema Karpo compuso una plegaria a Avalokita que a menudo se incorpora a la práctica de esta sādhana.

POTALA (forma breve del Sánscr. *potalaka*) El reino meridional del Monte Potalaka, también conocido simplemente como Potala, es la morada de Avalokita.

PRĀTIMOKṢA (Sánscr., Tib. *so-sor thar-pa*) El prātimokṣa ("liberación personal") es uno de los tres niveles generales de votos que definen la disciplina moral en el budismo tibetano. Se ocupa sobre todo de las conductas física y verbal, y se clasifica en siete u ocho niveles de preceptos que corresponden a cuatro tipos específicos de individuos: hombres, mujeres, personas laicas y personas con votos monásticos. La disciplina prātimokṣa se considera como el fundamento indispensable, no solo para el logro de la liberación en general, sino también para cualquier tipo de compromiso que se tome en el curso del sendero, incluyendo los de la bodhichitta y el samaya.

PRATYEKABUDDHA (Sánscr., Tib. *rang-rgyal / rang sangs-rgyas*) Individuo que aspira al logro del nirvana y de la condición de arhat, meta común de los senderos del śrāvaka y el pratyekabuddha. Además de adiestrarse en las prácticas centrales del enfoque śrāvaka, el arhat pratyekabuddha logra la cesación de las causas del sufrimiento y del renacimiento principalmente como resultado de contemplar los doce eslabones de originación dependiente, sin contar con un maestro en esa vida. En este sentido se dice que el individuo logra el despertar de manera independiente; por tanto, *pratyekabuddha* significa "buddha por sí mismo".

PRETA (Sánscr., Tib. *yi-dvags*) De los seis tipos generales de seres sintientes, los pretas ("espíritus angustiados") constituyen uno de los tres niveles inferiores en el samsara, un grado intermedio de sufrimiento entre los animales y los seres infernales. Su existencia se caracteriza por padecer hambre, sed y privación interminables, así como otros sufrimientos tales como sensaciones extremas de calor, frío, miedo y amenaza de violencia. En términos de las aflicciones mentales, el predominio de la tacañería o avaricia en vidas previas puede ser la causa de renacer como preta.

RANGJUNG RIKPE DORJE (Tib. *rang-byung rig-pa'i rdo-rje*, 1924–1981) Rangjung Rikpe Dorjé fue el decimosexto Gyalwang Karmapa, cabeza de la escuela Karma Kagyu. Desempeñó un papel decisivo en la preservación y transmisión de enseñanzas y prácticas del linaje, durante y después de la ocupación del Tíbet por parte de los chinos comunistas, a finales de la década de 1950. Figura de extraordinaria importancia al llevar el budismo tibetano al mundo más allá de las fronteras del Tíbet, viajó a los países occidentales en varias ocasiones durante los últimos años de su vida, dando bendiciones y enseñanzas a miles de estudiantes y fundando muchos centros de Dharma.

RATNASAMBHAVA (Sánscr., Tib. *rin-chen 'byung-ldan*) Ratnasambhava ("Fuente de riqueza") es el buddha que preside el reino puro meridional de Śrīmat. Comúnmente se le representa de color amarillo y sentado en la postura de piernas cruzadas. En ocasiones porta una joya como el atributo que simboliza a la familia de seres despiertos Ratna ("Joya").

RÍO JAMBU Un río legendario cuyo nombre proviene del sonido del fruto que cae del árbol Jambu a las aguas del río. Se dice que el oro mítico del río Jambu proviene de los nāgas (espíritus acuáticos en forma de serpiente) que consumen su fruta.

SĀDHANA (Sánscr., Tib. *sgrub-thabs*) En el contexto del tantra, sādhana ("medios de logro") se refiere a cualquier práctica derivada de las escrituras tántricas que constituye un método completo para la realización meditativa de una deidad determinada. La estructura de dichas prácticas está formada por la fase de creación (Sánscr. *utpattikrama*, Tib. *bskyed-rim*) y la fase de conclusión (Sánscr. *sampannakrama*, Tib. *rdzogs-rim*), y generalmente incluye las técnicas de visualización y recitación.

SAKYA (Tib. *sa-skya*) La escuela Sakya ("Tierra pálida") es una de las cuatro escuelas principales del budismo tibetano. Sus orígenes se remontan al maestro indio Virupa y su discípulo tibetano Drokmi Lotsāwa Śākya Yeshe, en el siglo XI. Se considera que el discípulo de Drokmi Lotsāwa, Khön Könchok Gyalpo (1034-1102) fue el fundador de esta escuela, que fue desarrollada más adelante por los cinco grandes maestros sakya que le siguieron. Un rasgo distintivo de esta tradición es la costumbre de que el liderazgo o cabeza del linaje se mantiene y se transmite por medio de linajes familiares. El sistema principal de la escuela

Sakya, Sendero y Resultado, o Lamdre (*lam-'bras*), está estrechamente conectado con el *Hevajra Tantra*.

ŚĀKYAMUNI (Sánscr., Tib. *śākya thub-pa*)  Sabio (muni) en forma de nirmānakāya cuya actividad iluminada se asocia con el reino humano.

ŚAMATHA (Sánscr., Tib. *zhi-gnas*)  Śamatha ("tranquilidad" o "calma meditativa") es un estado meditativo caracterizado por una atención estable y ausencia de distracciones. Como uno de los dos tipos generales de meditación budista, es complemento del *vipaśyanā*, o visión superior. La estabilidad mental que se alcanza con la práctica de la calma meditativa es la base necesaria para el desarrollo posterior de la visión penetrante, el único medio por el cual las aflicciones mentales y sus potenciales latentes pueden erradicarse por completo.

SAMAYA (Sánscr., Tib. *dam-tshig*)  De los tres niveles generales de votos que definen la disciplina moral del budismo tibetano, el *samaya* ("compromiso") se refiere a las particularidades de la conducta en la práctica tántrica. Si bien se refiere a numerosos compromisos específicos que se describen en presentaciones detalladas, el concepto de samaya en un sentido más amplio, también se refiere comúnmente al vínculo espiritual personal que se forma entre maestro y alumno, y entre estudiantes como compañeros de práctica.

SAMBHOGAKĀYA (Sánscr., Tib. *longs-spyod rdzogs-pa'i sku*)  Sambhoga-kāya ("cuerpo iluminado de gozo perfecto") es uno de los tres (o más) kāyas que representan varios aspectos del estado de logro de la buddheidad. Puede ser descrita como la energía compasiva de los buddhas manifestándose en la forma de deidades despiertas con atributos distintivos, y los reinos puros en los que moran. Aunque es perceptible únicamente para los buddhas y para los bodhisattvas altamente realizados, siendo uno de los kāyas con forma, constituye un medio para asegurar el beneficio supremo para los demás mediante la actividad iluminada.

SAMSARA (Sánscr. *saṃsāra*, Tib. *'khor-ba*)  Estado de sufrimiento y renacimientos compulsivos en existencias condicionadas que experimentan todos los seres sintientes ordinarios. El samsara ("existencia cíclica") se perpetúa a causa del karma y las aflicciones mentales de cada individuo, y conlleva sufrimiento como resultado inevitable de esas causas. Descrita en sentido amplio, dicha existencia cíclica abarca tres reinos, a saber, el reino del deseo (kāmadhātu), el reino de la forma (rūpadhātu) y el reino sin forma (ārūpyadhātu). En términos más específicos, estos se dividen en seis reinos distintos, o estados experimentados por seis tipos de seres: devas, asuras, humanos, animales, pretas y seres infernales. El samsara es lo opuesto al nirvana, un estado de paz más allá del sufrimiento y de renacimientos compulsivos.

ŚĀSTRA (Sánscr., Tib. *bstan-bcos*)  Los śāstras son tratados del canon budista tibetano. Escritos por autoridades eruditas de los linajes budistas, los śāstras en la forma de textos raíz sobre temas tales como el abhidharma (fenomenología) y pramāṇa (lógica y epistemología), constituyen el fundamento de los estudios curriculares monásticos. Los tratados escritos en forma de comentarios sirven para dilucidar la intención de dichos textos raíz y las enseñanzas del Buddha tal como se expresaron originalmente en los sutras y tantras. Existen también otro tipo de tratados sobre temas diversos en áreas específicas del conocimiento clásico indo-tibetano.

SIDDHA (Sánscr., Tib. *grub-thob*)  Un maestro espiritualmente realizado, en especial aquel cuyos logros son el resultado de prácticas tántricas.

ŚRĀVAKA (Sánscr., Tib. *nyan-thos/ thos-sgrog*)  El śrāvaka aspira al logro del nirvana y a la condición de arhat, meta común de los senderos śrāvaka y pratyekabuddha. El arhat śrāvaka logra la cesación de las causas del sufrimiento y del renacimiento, como resultado del adiestramiento austero en la disciplina monástica y la contemplación de las Cuatro Nobles Verdades y enseñanzas relacionadas. Históricamente, dichos discípulos escuchaban y recibían enseñanzas directamente de sus maestros, y después aconsejaban a otros al respecto. Por lo tanto, śrāvaka significa "oyente" o "el que proclama lo que ha escuchado".

ŚRĪMAT (Sánscr., Tib. *dpal-dang ldan-pa*)  Śrīmat, campo búdico meridional ("Glorioso"), es el reino puro que preside el Buddha Ratnasambhava.

STHIRASIṂHA (Sánscr., Tib. *senge rab-brtan*)  Sabio (muni) en forma de nirmāṇakāya cuya actividad iluminada se relaciona con el reino animal.

---

SUGATA (Sánscr., Tib. *bde-bar gshegs-pa*) Un sinónimo de buddha, *sugata* ("el que ha alcanzado el estado de gozo"). Individuo completamente despierto que ha logrado de manera perfecta el estado absoluto de bienestar.

SUGATAGARBHA (Sánscr., Tib. *bde-gshegs snying-po*) Sugatagarbha ("naturaleza búdica") es el potencial innato para el despertar perfecto que es inherente a cada ser sintiente. Se le describe como el fundamento intrínsecamente puro, siempre presente, de toda experiencia: en su estado oscurecido temporal constituye la base del samsara; una vez purificado de los factores de oscurecimiento se revela como nirvana. Así pues, es la base causal necesaria que hace posible el logro de la buddheidad con todos sus kāyas, sabidurías y cualidades iluminadas, los cuales se manifiestan como resultado de eliminar de esa base los oscurecimientos y corrupciones adventicios (incluyendo el karma y las aflicciones mentales) por medio de la práctica del sendero.

SUKHĀVATĪ (Sánscr., Tib. *bde-ba-can*) El campo búdico occidental de Sukhāvatī ("Gozoso") es el reino puro que preside el Buddha Amitābha.

SUTRA (Sánscr., *sūtra*, Tib. *mdo*) Los sutras, uno de los géneros principales del canon budista tibetano, son los discursos que se consideran como las palabras originales del Buddha y representan la fuente escrita de las enseñanzas hīnayāna y mahāyāna no tántricas. Si bien cada uno de los sutras varía mucho en longitud y trata una gran diversidad de temas (tales como disciplina moral, meditación y conocimiento), los elementos formales comunes a la mayoría de los sutras incluyen una narrativa inicial que establece el marco del discurso, seguido de un diálogo en forma de preguntas y respuestas entre el Buddha y otras personas.

TANTRA (Sánscr., Tib. *rgyud*) Uno de los géneros principales del canon budista tibetano, los tantras representan la fuente escrita de las enseñanzas vajrayana. La palabra *tantra* ("continuo") también se usa para designar la práctica del Mantra Secreto o Vajrayana. Al igual que los sutras, generalmente se considera que los tantras son las palabras del Buddha, provenientes de diálogos en sus diversas manifestaciones. Respecto de su forma, los tantras se caracterizan por algunos elementos que son típicos de los sutras; sin embargo, presentan elementos distintos en cuanto a su contenido, ya que incluyen mandalas específicos de deidades y métodos prácticos correspondientes. Asimismo, a menudo suponen el uso de un lenguaje simbólico codificado y tienen que ver con conocimientos y principios esotéricos que no se abordan en los sutras.

TATHĀGATA (Sánscr., Tib. *de-bzhin gshegs-pa*) Tathāgata, sinónimo de buddha ("el que ha realizado el estado de vacuidad"). Un individuo completamente despierto que ve perfectamente la realidad tal como es, o la naturaleza vacía de la realidad.

THANGKA (Tib. *thang-ka*) Pintura tradicional tibetana que se utiliza como medio para representar seres iluminados, deidades de meditación y mandalas tántricos. Una vez que dichas imágenes (u otro tipo de representaciones, como esculturas de metal) se han consagrado por medio de rituales, se les considera como apoyos para la práctica espiritual investidos con la presencia permanente de la deidad misma.

THANGTONG GYALPO (Tib. *thang-stong rgyal-po*, siglos XIV-XV) Siddha célebre con diversas habilidades y logros, Thangtong Gyalpo ("Rey del plano vacío") es famoso por haber diseñado y construido muchos puentes suspendidos con cadenas de hierro a través de las regiones del Himalaya. Se le considera el fundador de la ópera popular tibetana, y es el compositor de *El bien de los seres que llena el espacio* (*'gro-don mkha'-khyab-ma*), la sādhana de Avalokita, ampliamente practicada, en la que se basa este libro.

TSONGKAPA LOSANG DRAKPA (Tib. *tsong-kha-pa blo-bzang grags-pa*, 1357–1419). También conocido como Je Rinpoché ("Señor Precioso"), Tsongkapa fue el fundador de la escuela Gueluk del budismo tibetano. Maestro, autor y sabio altamente realizado de prodigiosa grandeza, se le conoce por sus interpretaciones extraordinarias de los sistemas de postulados budistas. Con base en la tradición Kadam antigua del Señor Atiśa (m. 1054), sistematizó el enfoque gradual y riguroso de la escuela Gueluk, en la que se han enfatizado elementos tales como la disciplina monástica, los estudios filosóficos y el debate dialéctico.

VAIROCHANA (Sánscr. Vairocana, Tib. *rnam-par snang-mdzad*) Vairochana ("Iluminador") es el buddha que preside el reino puro central de Ghanavyūha. Comúnmente se le representa de color blanco y sentado en la postura de piernas cruzadas, en ocasiones con una rueda como atributo que simboliza a la familia Tathāgata ("Buddha") de seres despiertos.

VAJRA (Sánscr., Tib. *rdo-rje*) Tradicionalmente el arma de Śakra, o Indra, soberano de los devas, el vajra es un atributo simbólico e implemento ritual tántrico que representa poder, constancia, estabilidad, inmutabilidad e indestructibilidad, especialmente como cualidades inherentes a la naturaleza absoluta de la mente.

VAJRADHARA (Sánscr., Tib. *rdo-rje 'chang*) El Buddha Vajradhara ("Sostenedor del vajra") es la representación del dharmakāya como el estado primordialmente despierto. A veces se le identifica como el "sexto buddha": la personificación de los buddhas de las cinco familias de seres despiertos. Preside el reino puro de Akaniṣṭha Dharmadhātu. En su aspecto de sambhogakāya, generalmente se le representa de color azul, sentado en la postura de piernas cruzadas y sosteniendo un vajra y una campana.

VAJRAPĀṆI (Sánscr., Tib. *phyag-na rdo-rje*) Como deidad tántrica de meditación, se considera que Vajrapāni ("El que sostiene un vajra") es la representación de la energía y habilidades iluminadas de todos los buddhas. Comúnmente se representa con atributos iracundos, de pie y sosteniendo un vajra.

VEMACHITRA (Sánscr. *Vemacitra*, Tib. *thag-bzang-ris*) Sabio (muni) en forma de nirmānakāya cuya actividad iluminada se relaciona con el reino de los asuras.

VIDYĀDHARA (Sánscr., Tib. *rig-'dzin*) Un vidyādhara ("sostenedor de la conciencia") es un maestro consumado de las prácticas tántricas.

VIPAŚYANA (Sánscr., Tib. *lhag-mthong*) Vipaśyanā ("visión penetrante") es un estado de conciencia meditativa en el que se experimenta directamente la realidad absoluta (o la naturaleza verdadera de un objeto dado de contemplación). Siendo uno de los dos tipos generales de meditación budista, es el complemento de śamatha, o calma meditativa. La visión penetrante es indispensable para lograr la meta de erradicar por completo las aflicciones mentales y sus potenciales latentes, dado que śamatha por sí sola no puede lograrlo. No obstante, la visión penetrante solo puede surgir con base en la estabilidad mental que se obtiene mediante el cultivo de la tranquilidad meditativa.

YIDAM (Tib. *yi-dam*, Sánscr. *iṣṭadevatā*) Deidad meditacional tántrica, especialmente aquella con la cual, en la mente del practicante, se ha formado un vínculo inseparable hasta el logro de la buddheidad. Para poder llevar a cabo completamente la práctica de una determinada deidad, es necesario primero recibir, de un auténtico sostenedor del linaje, el empoderamiento o iniciación correspondiente (*abhiṣeka*), la lectura de la transmisión (*āgama*) y las instrucciones prácticas.

# Agradecimientos

Este libro es un resultado visible de incontables actos de bondad y compasión. Después de que Khenpo Karthar Rinpoché otorgó bondadosamente su permiso para publicar sus enseñanzas como libro, Eleanor Mannika hizo la transcripción de las grabaciones de la traducción al inglés de Jigme Nyima. Jigme Nyima utilizó la misma como referencia para revisar su traducción de las enseñanzas en tibetano. Jigme-la preparó también el glosario. El texto en inglés fue ligeramente editado por Damchö Diana Finnegan, Maureen McNicholas, Harmony DenRonden y Mitchell Singletary, quienes hicieron también la lectura de prueba del texto final que enviaron al Grupo de traducción de Dharmadatta para la versión al español.

Ivonne Murillo, Nerea Goñi y Tenzin Nangpel (Flora Lara Klahr) estuvieron al frente del trabajo de traducción, con las contribuciones de Damchö Diana Finnegan, Karma Yeshe, Alberto Fournier, Verónica Gordillo, Gabriela Jiménez, Zuanilda Mendoza, Andrea Oriol, Ana García Sepúlveda y Karla Uriarte. Lama Jinpa Gyamtso bondadosamente concedió el permiso para reproducir aquí su traducción al español de la sādhana de Chenrezik, que es la que se cita a lo largo del comentario de Khenpo Karthar Rinpoché. Peter van Deurzen, Maureen McNicholas

Agradecimientos

y Karma Lodrö Drolma (Alicia Garduño Barrera) prepararon el texto en tibetano de la sādhana para su inclusión aquí.

La portada del libro fue diseñada por Louise Light, y el interior fue formado por Maureen McNicholas. La imagen del Noble Chenrezik en la portada es una cortesía de la Comunidad Monástica Dharmadatta.

Cada una de las muchas personas que contribuyeron con su tiempo y su talento a producir este libro, lo hizo con el único deseo de compartir el Dharma con todos aquellos cuyo sufrimiento puede ser aliviado mediante la práctica de Chenrezik descrita en este libro. Que esta aspiración altruista se haga realidad.

Que puedan todos los seres ser felices.

# Seeds of Awakening

A bilingual series of practice instructions in English and Spanish

# Chenrezik: For the Benefit of All Beings

### Khenpo Karthar Rinpoche

Editorial Albricias, México DF, México
KTD Publications, Woodstock, New York

Copublished by KTD Publications and Editorial Albricias

KTD Publications
335 Meads Mountain Road
Woodstock, NY 12498 USA
ktdpublications@kagyu.org
www.KTDPublications.com

Editorial Albricias Segunda
Cerrada de Duraznos 3-58B
San Juan Totoltepec
México, 53270
editorialalbricias@gmail.com
www.editorialalbricias.com

HRĪḤ calligraphy, page i, by His Holiness the 17th Karmapa, Ogyen Trinley Dorje

Seeds of Awakening is a bilingual collection of concise and clear practice instructions from highly qualified Buddhist masters, in English and Spanish.

ISBN 978-1-934608-48-7
LCCN 2014937020

Printed in the USA on 100% PCR, acid-free paper.

# Contents

# Introduction

In July of 2013, students traveled from twelve countries around the world to Woodstock, New York, to attend the first ever Spanish-language retreat at the monastery of Karma Triyana Dharmachakra (KTD). For eight days, KTD's assembly hall resounded with the sound of Tibetan and Spanish, as Khenpo Karthar Rinpoche offered empowerment and instructions, and the sixty students gathered there engaged in practice sessions throughout the day. The teachings on Chenrezik presented in this book were those that Khenpo Karthar Rinpoche offered at that time.

Like the retreat itself, this bilingual book brings together the two major language communities of the continent in a space replete with the blessings of the Gyalwang Karmapa. Chenrezik practice was selected as the focus for this retreat by His Holiness the 17th Karmapa, who had encouraged his Spanish-speaking disciples to organize a pilgrimage-cum-retreat to KTD, his North American seat in Woodstock. It is also with his blessing that the present volume forms the first publication in this collection of bilingual texts, copublished by KTD Publications and Editorial Albricias, and named "Seeds of Awakening/Semillas del despertar" by His Holiness himself.

We dedicate this publication to his long life and to the flourishing of all his Dharma activities. May those activities benefit fully the speakers of all languages everywhere.

# Biography
## of Khenpo Karthar Rinpoche

*Khenpo Karthar Rinpoche has for many years engaged in extraordinary efforts to spread Buddhism throughout many countries in the East and West. Since by doing so he has truly caused the present and future happiness of many beings, he is worthy of praise. I therefore rejoice in this, and make the aspiration that every aspect of goodness may increase like the waxing moon.*

The 17th Karmapa Ogyen Trinley Dorje

Khenpo Karthar Rinpoche is renowned and celebrated for his immeasurable devotion that knows no bounds, his unwavering steadfastness in fulfilling the commands of the Karmapa despite horrendous difficulties and obstacles, his attainment in mahāmudrā, his accomplishments in all monastic arts, his pure ethics and flawless morality, as a brilliant scholar, and as a skilled and inspiring teacher.

Rinpoche was born in Kham in eastern Tibet at sunrise on Mahākāla Day, the twenty-ninth day of the second month in the Year of the Wood Mouse. On this day, very early in the morning, immediately after Rinpoche's mother went to fetch water from the stream and carried the full vessel of water back by herself, Rinpoche was born without giving any pain to his mother. According to Tibetan tradition, all of these special circumstances indicate a very auspicious birth.

Rinpoche's father was a devoted Mañjuśrī practitioner who would go to sleep reciting the *Mañjuśrīnāmasaṃgīti* and when he woke up he would simply continue with his recitation. When Rinpoche was quite young, his father taught him to read, write, and to study and memorize dharma texts.

At twelve he entered Thrangu Monastery in Tso-Ngen, eastern Tibet. For the next six years, Rinpoche studied and practiced at this monastery. When he was eighteen, he went to Tsurphu Monastery to visit the seat of His Holiness the 16th Karmapa. Since His Holiness was not yet old enough to give full ordination vows, Rinpoche received his gelong vows from the 11th Tai Situ Rinpoche at Palpung Monastery.

Rinpoche returned to Thrangu Monastery and participated in the annual *yarnay*. Soon after this, he joined the year-long Vairocana group retreat, which was special to Thrangu Monastery. By the end of that retreat, Rinpoche was very enthusiastic to participate in the traditional three-year retreat, which he began shortly thereafter.

After completing the three-year retreat, Rinpoche expressed the heart-felt wish to stay in retreat for the rest of his life, but the 8th Traleg Rinpoche strongly advised him to come out in order to receive transmissions from the 2nd Kongtrul Rinpoche and to join Thrangu Rinpoche and other lamas in the newly formed shedra at Thrangu Monastery. Traleg Rinpoche felt that Khenpo Rinpoche had attained insight and realization in his years of retreat and that this further education would be of great benefit to many students in the future. The 2nd Jamgon Kongtrul Rinpoche, the 8th Traleg Rinpoche, and His Holiness the 16th Karmapa are Khenpo Rinpoche's main teachers.

By the late 1950s the threat of the Chinese Communists was creating an increasingly dangerous situation for the Tibetan people. In 1958 Rinpoche left Thrangu Monastery along with Thrangu Rinpoche, Zuru Tulku Rinpoche, and the three-year-old 9th Traleg Rinpoche. With a few horses and some provisions, the party began their long trek. After two weeks they realized they were surrounded by communist soldiers. They managed to escape and after two-and-a-half months they arrived at Tsurphu Monastery.

His Holiness the 16th Gyalwang Karmapa was aware of the dangers and told them they must leave immediately for Sikkim. He provided them with the necessary provisions, and in March 1959 the lamas left Tsurphu. The group quickly reached the border, then traveled to Buxador where a refugee camp was set up by the Indian government. Due to the heat and unhygienic conditions, disease spread rapidly through the camp, and by the eighth year of residing there, Rinpoche was seriously ill.

In 1967 Rinpoche went to Rumtek Monastery in Sikkim, the seat of His Holiness the Karmapa in India, where he taught before going to teach at Tilokpur, a nunnery in Himachal Pradesh founded by His Holiness and Sister Palmo. Next Rinpoche traveled to Tashi Jong Monastery where he received the Dam Ngak Dzo empowerment, transmission, and teachings from Dilgo Khyentse Rinpoche, then on to Tashi Choling Monastery in Bhutan. Unfortunately, Rinpoche's health grew worse, leading to a long and serious hospital stay. On his return to Rumtek in 1975 he received the title of Choje-Lama, "Superior Dharma Master," from His Holiness the 16th Gyalwang Karmapa

For many years Rinpoche had been ill with tuberculosis and now he was close to dying. He asked His Holiness the 16th Karmapa if he could go back into retreat for the rest of his life. Instead, His Holiness requested that Rinpoche go to the United States as his representative to establish Karma Triyana Dharmachakra, His Holiness's seat in North America. Initially unable to obtain a visa due to his illness, Rinpoche soon acquired a special type of visa that enabled him to enter the United States specifically to receive medical treatment for his tuberculosis. Rinpoche boarded an airplane in February 1976 to begin a different life as a teacher of the Dharma in a culture and environment far removed from his home in Tibet.

When Rinpoche arrived in New York City, he was greeted by Tenzin Chonyi and Lama Yeshe Losal. On his arrival, Rinpoche was taken to a hospital in New York where he spent one month receiving treatment. It would take another year for him to become strong and healthy.

Years later when His Holiness the 16th Karmapa visited the United States, Rinpoche thanked him for saving his life. His Holiness responded by telling Rinpoche that if he had stayed in India he would surely have died. After his initial recovery, Rinpoche, along with Tenzin Chonyi, Lama Yeshe Losal, Lama Ganga, and Yeshe Namdak, moved into a house in Putnam County that had been offered by Dr. Shen. From there Rinpoche traveled to New York City every week to offer teachings at what was to become one of the first KTC (Karma Thegsum Choling) centers in the United States.

In 1977 the search began for a permanent site for the Gyalwang Karmapa's seat in America. His Holiness had told Khenpo Rinpoche that he should open the new center on the auspicious day of Saga Dawa in 1978. Early in this year they located a good property and purchased the Mead House located on a mountaintop in Woodstock, New York. The day Karma Triyana Dharmachakra opened was the very day, the fifteenth day of the fourth Tibetan month, May 25, 1978, that His Holiness the 16th Karmapa had commanded Rinpoche to do so.

Since that time Khenpo Karthar Rinpoche has been teaching extensively with a warmth and directness that communicates the compassionate wisdom of the Kagyu lineage. Abbot of KTD and retreat master of Karme Ling Three-Year Retreat Center, Rinpoche has innumerable devoted students whom he continues to teach and guide with infinite generosity, compassion, and wisdom. After almost fifty years of spreading the Dharma outside Tibet, Rinpoche has a prolific body of work published in English, Spanish, and Chinese, including his biography,

*Amrita of Eloquence*, a luminous portrait of the life of Khenpo Karthar Rinpoche, written by Lama Karma Drodul at the request of Lodroe Nyima Rinpoche for Thrangu Monastery in East Tibet.

*Masters of this stature are becoming rarer than a star in the midday summer sky.*              the 9th Traleg Kyabgön Rinpoche

# Sādhana of Chenrezik
*For the Benefit of All Beings as Vast as the Skies*

༄༅། །སངས་རྒྱས་ཆོས་དང་ཚོགས་ཀྱི་མཆོག་རྣམས་ལ།

SANG GYE CHÖ DANG TSHOK KYI CHOK NAM LA

Until I reach enlightenment, I take refuge in the Buddha

།བྱང་ཆུབ་བར་དུ་བདག་ནི་སྐྱབས་སུ་མཆི།

JANG CHUP BAR DU DAK NI KYAP SU CHI

in the Dharma, and the noble Sangha.

།བདག་གིས་སྦྱིན་སོགས་བགྱིས་པའི་བསོད་ནམས་ཀྱིས།

DAK GI JIN SOK GYI PAY SÖ NAM KYI

Through the merit of accomplishing the six perfections,

།འགྲོ་ལ་ཕན་ཕྱིར་སངས་རྒྱས་འགྲུབ་པར་ཤོག

DRO LA PHEN CHIR SANG GYE DRUP PAR SHOK   *Recite three times.*

may I achieve awakening for the benefit of all sentient beings.

།བདག་སོགས་མཁའ་ཁྱབ་སེམས་ཅན་གྱི།

DAK SOK KHA KHYAP SEM CHEN GYI

On the crown of myself and all beings present throughout space,

།སྤྱི་གཙུག་པད་དཀར་ཟླ་བའི་སྟེང་།

CHI TSUK PE KAR DA WAY TENG

on a moon and white lotus

ཧྲཱིཿ ལས་འཕགས་མཆོག་སྤྱན་རས་གཟིགས།

HRĪḤ  LE PHAK CHOK CHEN RE ZIK

is a HRĪḤ from which Chenrezik arises,

།དཀར་གསལ་འོད་ཟེར་ལྔ་ལྡན་འཕྲོ།

KAR SAL Ö ZER NGA DEN TRO

radiating clear white light suffused with the five colors.

།མཛེས་འཛུམ་ཐུགས་རྗེའི་སྤྱན་གྱིས་གཟིགས།

DZE DZUM TUK JEY CHEN GYI ZIK

His eyes gaze in compassion and his smile is loving.

2

།ཕྱག་བཞིའི་དང་པོས་ཐལ་སྦྱར་མཛད།

CHAK ZHI DANG PO TAL JAR DZE

Of his four arms, the first two are joined in a prayer

།འོག་གཉིས་ཤེལ་ཕྲེང་པད་དཀར་བསྣམས།

ÖG NYI SHEL TRENG PE KAR NAM

and the lower two hold a crystal rosary and white lotus.

།དར་དང་རིན་ཆེན་རྒྱན་གྱིས་སྤྲས།

DAR DANG RIN CHEN GYEN GYI TRE

He is arrayed in silks and jewel ornaments.

།རི་དྭགས་ལྤགས་པའི་སྟོད་གཡོགས་གསོལ།

RI DAK PAK PAY TÖ YOK SÖL

He wears an upper robe of doeskin,

།འོད་དཔག་མེད་པའི་དབུ་རྒྱན་ཅན།

Ö PAK ME PAY U GYEN CHEN

and his head ornament is Amitābha, Buddha of Boundless Light.

།ཞབས་གཉིས་རྡོ་རྗེའི་སྐྱིལ་ཀྲུང་བཞུགས།

ZHAP NYI DOR JEY KYIL TRUNG ZHUK

His two feet are in the vajra posture;

།དྲི་མེད་ཟླ་བར་རྒྱབ་བརྟེན་པ།

DRI ME DA WAR GYAP TEN PA

a stainless moon is his backrest.

།སྐྱབས་གནས་ཀུན་འདུས་ངོ་བོར་གྱུར།

KYAP NE KÜN DÜ NGO WOR GYUR

He is the essential nature of all those in whom we take refuge.

།ཇོ་བོ་སྐྱོན་གྱིས་མ་གོས་སྐུ་མདོག་དཀར།

JO WO KYÖN GYI MA GÖ KU DOK KAR

Lord, not touched by any fault, white in color,

ཇོགས་སངས་རྒྱས་ཀྱིས་དབུ་ལ་བརྒྱན།

DZOK SANG GYE KYI U LA GYEN

whose head a perfect buddha crowns,

ཐུགས་རྗེའི་སྤྱན་གྱིས་འགྲོ་ལ་གཟིགས།

TUK JEY CHEN GYI DRO LA ZIK

Gazing compassionately on all beings,

སྤྱན་རས་གཟིགས་ལ་ཕྱག་འཚལ་ལོ།

CHEN RE ZIK LA CHAK TSHAL LO   *Recite three times from* JO WO...

to you Chenrezik, I prostrate.

འཕགས་པ་སྤྱན་རས་གཟིགས་དབང་དང་།

PHAK PA CHEN RE ZIK WANG DANG

With deep and dear faith

ཕྱོགས་བཅུ་དུས་གསུམ་བཞུགས་པ་ཡི།

CHOK CHU DÜ SUM ZHUK PA YI

I prostrate to noble and powerful Chenrezik,

རྒྱལ་བ་སྲས་བཅས་ཐམས་ཅད་ལ།

GYAL WA SE CHE TAM CHE LA

and to all the buddhas and bodhisattvas

ཀུན་ནས་དང་བས་ཕྱག་འཚལ་ལོ།

KÜN NE DANG WE CHAK TSHAL LO

of the ten directions and three times.

མེ་ཏོག་བདུག་སྤོས་མར་མེ་དྲི།

ME TOK DUK PÖ MAR ME DRI

I make offerings, both actual and imagined,

ཞལ་ཟས་རོལ་མོ་ལ་སོགས་པ།

ZHAL ZE RÖL MO LA SOK PA

of flowers, incense, lights, perfume,

ཨ་ དངོས་འབྱོར་ཡིད་ཀྱིས་སྤྲུལ་ནས་འབུལ།

NGÖ JOR YI KYI TRÜL NE BÜL

food, music, and much else.

ཨ་ འཕགས་པའི་ཚོགས་ཀྱིས་བཞེས་སུ་གསོལ།

PHAK PAY TSHOK KYI ZHE SU SÖL

Assembly of Noble Ones, please accept them.

ཐོག་མ་མེད་ནས་ད་ལྟའི་བར།

TOK MA ME NE DA TAY BAR

From beginningless time until now,

ཨ་ མི་དགེ་བཅུ་དང་མཚམས་མེད་ལྔ།

MI GE CHU DANG TSHAM ME NGA

I confess all the ten unvirtuous acts

ཨ་ སེམས་ནི་ཉོན་མོངས་དབང་གྱུར་པའི།

SEM NI NYÖN MONG WANG GYUR PAY

and the five actions of immediate consequences—all the negative actions

ཨ་ སྡིག་པ་ཐམས་ཅད་བཤགས་པར་བགྱི།

DIK PA TAM CHE SHAK PAR GYI

I have committed while influenced by mental afflictions.

ཨ་ ཉན་ཐོས་རང་རྒྱལ་བྱང་ཆུབ་སེམས།

NYEN TÖ RANG GYAL JANG CHUP SEM

I rejoice in the merit of whatever virtue

ཨ་ སོ་སོ་སྐྱེ་བོ་ལ་སོགས་པས།

SO SO KYE WO LA SOK PE

śrāvakas, pratyekabuddhas, bodhisattvas,

ཨ་ དུས་གསུམ་དགེ་བ་ཅི་བསགས་པའི།

DÜ SUM GE WA CHI SAK PAY

and ordinary people

།བསོད་ནམས་ལ་ནི་བདག་ཡི་རང་།

SÖNAM LA NI DAK YI RANG

have gathered throughout the three times.

།སེམས་ཅན་རྣམས་ཀྱི་བསམ་པ་དང་།

SEM CHEN NAM KYI SAM PA DANG

Please turn the wheel of the Dharma

།བློ་ཡི་བྱེ་བྲག་ཇི་ལྟ་བར།

LO YI JE DRAK JI TA WAR

of the greater and lesser vehicles

།ཆེ་ཆུང་ཐུན་མོང་ཐེག་པ་ཡི།

CHE CHUNG TÜN MONG TEK PA YI

to meet the variety of motivations

།ཆོས་ཀྱི་འཁོར་ལོ་བསྐོར་དུ་གསོལ།

CHÖ KYI KHOR LO KOR DU SÖL

and different minds of living beings.

།འཁོར་བ་ཇི་སྲིད་མ་སྟོང་བར།

KHOR WA JI SI MA TONG PAR

Until samsara is completely emptied,

།མྱ་ངན་མི་འདའ་ཐུགས་རྗེ་ཡིས།

NYA NGEN MI DA TUK JE YI

I beseech you not to pass into nirvana

།སྡུག་བསྔལ་རྒྱ་མཚོར་བྱིང་བ་ཡི།

DUK NGAL GYA TSHOR JING WA YI

but to look with great compassion on all living beings

།སེམས་ཅན་རྣམས་ལ་གཟིགས་སུ་གསོལ།

SEM CHEN NAM LA ZIK SU SÖL

caught in an ocean of suffering.

།བདག་གིས་བསོད་ནམས་ཅི་བསགས་པ།

DAK GI SÖ NAM CHI SAK PA

May whatever merit I have accumulated

།ཐམས་ཅད་བྱང་ཆུབ་རྒྱུར་གྱུར་ནས།

TAM CHE JANG CHUP GYUR GYUR NE

become a cause for the enlightenment of all beings.

།རིང་པོར་མི་ཐོགས་འགྲོ་བ་ཡི།

RING POR MI TOK DRO WA YI

Not taking long, may I soon become

།འདྲེན་པའི་དཔལ་དུ་བདག་གྱུར་ཅིག

DREN PAY PAL DU DAK GYUR CHIK

a magnificent guide for living beings.

།གསོལ་བ་འདེབས་སོ་བླ་མ་སྤྱན་རས་གཟིགས།

SÖL WA DEP SO LA MA CHEN RE ZIK

Lama Chenrezik, I supplicate you.

།གསོལ་བ་འདེབས་སོ་ཡི་དམ་སྤྱན་རས་གཟིགས།

SÖL WA DEP SO YI DAM CHEN RE ZIK

Yidam Chenrezik, I supplicate you.

།གསོལ་བ་འདེབས་སོ་འཕགས་མཆོག་སྤྱན་རས་གཟིགས།

SÖL WA DEP SO PHAK CHOK CHEN RE ZIK

Noble, supreme Chenrezik, I suplicate you.

།གསོལ་བ་འདེབས་སོ་སྐྱབས་མགོན་སྤྱན་རས་གཟིགས།

SÖL WA DEP SO KYAP GÖN CHEN RE ZIK

Refuge and protector, Chenrezik, I supplicate you.

།གསོལ་བ་འདེབས་སོ་བྱམས་མགོན་སྤྱན་རས་གཟིགས།

SÖL WA DEP SO JAM GÖN CHEN RE ZIK

Kind protector, Chenrezik, I supplicate you.

།ཐུགས་རྗེས་བཟུངས་ཤིག་རྒྱལ་བ་ཐུགས་རྗེ་ཅན།

TUK JE ZUNG SHIK GYAL WA TUK JE CHEN

Buddha of Great Compassion, hold me in your compassion.

།མཐའ་མེད་འཁོར་བར་གྲངས་མེད་འཁྱམས་གྱུར་ཅིང་།

TA ME KHOR WAR DRANG ME KHYAM GYUR CHING

Innumerable beings have wandered in endless samsara

།བཟོད་མེད་སྡུག་བསྔལ་མྱོང་བའི་འགྲོ་བ་ལ།

ZÖ ME DUK NGAL NYONG WAY DRO WA LA

and experienced unbearable suffering.

།མགོན་པོ་ཁྱེད་ལས་སྐྱབས་གཞན་མ་མཆིས་སོ།

GÖN PO KHYE LE KYAP ZHEN MA CHI SO

Protector, they have no other refuge than you.

།རྣམ་མཁྱེན་སངས་རྒྱས་ཐོབ་པར་བྱིན་གྱིས་རློབས།

NAM KHYEN SANG GYE TOP PAR JIN GYI LOP

Please bless them that they attain the omniscience that is awakening.

།ཐོག་མེད་དུས་ནས་ལས་ངན་བསགས་པའི་མཐུས།

TOK ME DÜ NE LE NGEN SAK PAY TÜ

Compelled by negative karma, gathered from beginningless time,

།ཞེ་སྡང་དབང་གིས་དམྱལ་བར་སྐྱེས་གྱུར་ཏེ།

ZHE DANG WANG GI NYAL WAR KYE GYUR TE

living beings, through the force of anger, are born

།ཚ་གྲང་སྡུག་བསྔལ་མྱོང་བའི་སེམས་ཅན་རྣམས།

TSHA DRANG DUK NGAL NYONG WAY SEM CHEN NAM

as hell beings and experience the suffering of heat and cold.

།ལྷ་མཆོག་ཁྱེད་ཀྱི་དྲུང་དུ་སྐྱེ་བར་ཤོག

HLA CHOK KHYE KYI DRUNG DU KYE WAR SHOK

Supreme deity, may they all be born in your presence.

ༀ་མ་ཎི་པདྨེ་ཧཱུྃ།

OM MANI PADME HUM

ཐོག་མེད་དུས་ནས་ལས་ངན་བསགས་པའི་མཐུས།

TOK ME DÜ NE LE NGEN SAK PAY TÜ

Compelled by negative karma, gathered from beginningless time,

སེར་སྣའི་དབང་གིས་ཡི་དྭགས་གནས་སུ་སྐྱེས།

SER NAY WANG GI YI DAK NE SU KYE

living beings, through the force of miserliness, are born in the realm of

བཀྲེས་སྐོམ་སྡུག་བསྔལ་མྱོང་བའི་སེམས་ཅན་རྣམས།

TRE KOM DUK NGAL NYONG WAY SEM CHEN NAM

hungry ghosts and experience the suffering of hunger and thirst.

ཞིང་མཆོག་པོ་ཏ་ལ་རུ་སྐྱེ་བར་ཤོག

ZHING CHOK PO TA LA RU KYE WAR SHOK

May they all be born in your supreme realm, the Potala.

ༀ་མ་ཎི་པདྨེ་ཧཱུྃ།

OM MANI PADME HUM

ཐོག་མེད་དུས་ནས་ལས་ངན་བསགས་པའི་མཐུས།

TOK ME DÜ NE LE NGEN SAK PAY TÜ

Compelled by negative karma, gathered from beginningless time,

གཏི་མུག་དབང་གིས་དུད་འགྲོར་སྐྱེ་གྱུར་ཏེ།

TI MUK WANG GI DÜ DROR KYE GYUR TE

living beings, through the force of bewilderment,

 གླེན་ལྐུག་སྡུག་བསྔལ་མྱོང་བའི་སེམས་ཅན་རྣམས།

LEN KUK DUK NGAL NYONG WAY SEM CHEN NAM

are born as animals and experience the suffering of dullness and stupidity.

།མགོན་པོ་ཁྱེད་ཀྱི་དྲུང་དུ་སྐྱེ་བར་ཤོག

GÖN PO KHYE KYI DRUNG DU KYE WAR SHOK

Protector, may they all be born in your presence.

།ཨོཾ་མ་ཎི་པདྨེ་ཧཱུྃ།

OM MANI PADME HUM

།ཐོག་མེད་དུས་ནས་ལས་ངན་བསགས་པའི་མཐུས།

TOK ME DÜ NE LE NGEN SAK PAY TÜ

Compelled by negative karma, gathered from beginningless time,

།འདོད་ཆགས་དབང་གིས་མི་ཡི་གནས་སུ་སྐྱེས།

DÖ CHAK WANG GI MI YI NE SU KYE

sentient beings, through the force of desire, are born in the realm of

།བྲེལ་ཕོངས་སྡུག་བསྔལ་མྱོང་བའི་སེམས་ཅན་རྣམས།

DREL PHONG DUK NGAL NYONG WAY SEM CHEN NAM

humans and experience the suffering of constant toil and poverty.

།ཞིང་མཆོག་བདེ་བ་ཅན་དུ་སྐྱེ་བར་ཤོག

ZHING CHOK DE WA CHEN DU KYE WAR SHOK

May they be born in the supreme pure land of Dewachen.

།ཨོཾ་མ་ཎི་པདྨེ་ཧཱུྃ།

OM MANI PADME HUM

།ཐོག་མེད་དུས་ནས་ལས་ངན་བསགས་པའི་མཐུས།

TOK ME DÜ NE LE NGEN SAK PAY TÜ

Compelled by negative karma, gathered from beginningless time,

།ཕྲག་དོག་དབང་གིས་ལྷ་མིན་གནས་སུ་སྐྱེས།

TRAK DOK WANG GI HLA MIN NE SU KYE

living beings, through the force of jealousy, are born in the realm of

།འཐབ་རྩོད་སྡུག་བསྔལ་མྱོང་བའི་སེམས་ཅན་རྣམས།

TAP TSÖ DUK NGAL NYONG WAY SEM CHEN NAM

demigods and experience the suffering of fighting and quarreling.

ཕོ་ཏ་ལ་ཡི་ཞིང་དུ་སྐྱེ་བར་ཤོག

PO TA LA YI ZHING DU KYE WAR SHOK

May they be born in your realm, the Potala.

།ཨོཾ་མ་ཎི་པདྨེ་ཧཱུྂ།

OM MANI PADME HUM


།ཐོག་མེད་དུས་ནས་ལས་ངན་བསགས་པའི་མཐུས།

TOK ME DÜ NE LE NGEN SAK PAY TÜ

Compelled by negative karma, gathered from beginningless time,

།ང་རྒྱལ་དབང་གིས་ལྷ་ཡི་གནས་སུ་སྐྱེས།

NGA GYAL WANG GI HLA YI NE SU KYE

living beings, through the force of pride, are born in the realm of gods

།འཕོ་ལྟུང་སྡུག་བསྔལ་མྱོང་བའི་སེམས་ཅན་རྣམས།

PHO TUNG DUK NGAL NYONG WAY SEM CHEN NAM

and experience the suffering of change and downfall.

ཕོ་ཏ་ལ་ཡི་ཞིང་དུ་སྐྱེ་བར་ཤོག

PO TA LA YI ZHING DU KYE WAR SHOK

May they all be born in your realm, the Potala.

།ཨོཾ་མ་ཎི་པདྨེ་ཧཱུྂ།

OM MANI PADME HUM


།བདག་ནི་སྐྱེ་ཞིང་སྐྱེ་བ་ཐམས་ཅད་དུ།

DAK NI KYE ZHING KYE WA TAM CHE DU

Through all my existences, may my deeds equal Chenrezik's.

།སྤྱན་རས་གཟིགས་དང་མཛད་པ་མཚུངས་པ་ཡིས།

CHEN RE ZIK DANG DZE PA TSHUNG PA YI

In this way, may all beings be liberated

།མ་དག་ཞིང་གི་འགྲོ་རྣམས་སྒྲོལ་བ་དང་།

MA DAK ZHING GI DRO NAM DRÖL WA DANG

from the impure realms, and may the perfect sound of your six-syllable

།གསུང་མཆོག་ཡིག་དྲུག་ཕྱོགས་བཅུར་རྒྱས་པར་ཤོག

SUNG CHOK YI DRUK CHOK CHUR GYE PAR SHOK

mantra pervade the ten directions.

།འཕགས་མཆོག་ཁྱེད་ལ་གསོལ་བ་འདེབས་པའི་མཐུས།

PHAK CHOK KHYE LA SÖL WA DEP PAY TÜ

By the power of supplicating you, Most Noble and Perfect One,

།བདག་གི་གདུལ་བྱར་གྱུར་པའི་འགྲོ་བ་རྣམས།

DAK GI DÜL JAR GYUR PAY DRO WA NAM

may all those who will be my disciples take seriously the causes

།ལས་འབྲས་ལྷུར་ལེན་དགེ་བའི་ལས་ལ་བརྩོན།

LE DRE HLUR LEN GE WAY LE LA TSÖN

and effects of karma and diligently practice virtuous acts.

།འགྲོ་བའི་དོན་དུ་ཆོས་དང་ལྡན་པར་ཤོག

DRO WAY DÖN DU CHÖ DANG DEN PAR SHOK

May they take up the Dharma for the good of all.

།དེ་ལྟར་རྩེ་གཅིག་གསོལ་བཏབ་པས།

DE TAR TSE CHIK SÖL TAP PE

By having prayed like this one-pointedly,

།འཕགས་པའི་སྐུ་ལས་འོད་ཟེར་འཕྲོས།

PHAK PAY KU LE ÖZER TRÖ

light rays radiating from noble Chenrezik

།མ་དག་ལས་སྣང་འཁྲུལ་ཤེས་སྦྱངས།

MA DAK LE NANG TRÜL SHE JANG

purify the appearances of delusion.

།ཕྱི་སྣོད་བདེ་བ་ཅན་གྱི་ཞིང་།

CHI NÖ DE WA CHEN GYI ZHING

The outer world of the environment becomes the Pure Land of Bliss.

།ནང་བཅུད་སྐྱེ་འགྲོའི་ལུས་ངག་སེམས།

NANG CHÜ KYE DRO LÜ NGAK SEM

The body, speech, and mind of beings, the inner world, become the body,

།སྤྱན་རས་གཟིགས་དབང་སྐུ་གསུང་ཐུགས།

CHEN RE ZIK WANG KU SUNG TUK

speech, and mind of Chenrezik.

།སྣང་གྲགས་རིག་སྟོང་དབྱེར་མེད་གྱུར།

NANG DRAK RIK TONG YER ME GYUR

All appearance, sound, and awareness are inseparable from emptiness.

།ཨོཾ་མ་ཎི་པདྨེ་ཧཱུྂ།

OM MANI PADME HUM     *Recite mantra many times.*

།བདག་གཞན་ལུས་སྣང་འཕགས་པའི་སྐུ།

DAK ZHEN LÜ NANG PHAK PAY KU

The bodies of myself and others appear in the form of Chenrezik;

།སྒྲ་གྲགས་ཡི་གེ་དྲུག་པའི་དབྱངས།

DRA DRAK YI GE DRUK PAY YANG

all sound is the melody of his six-syllable mantra;

།དྲན་རྟོག་ཡེ་ཤེས་ཆེན་པོའི་ཀློང་།

DREN TOK YE SHE CHEN PÖ LONG

all rememberance and thought is the great expanse of primordial wisdom.

ཟ་ དགེ་བ་འདི་ཡི་མྱུར་དུ་བདག

GE WA DI YI NYUR DU DAK

Through the virtue of this practice,

ཟ་ སྤྱན་རས་གཟིགས་དབང་འགྲུབ་གྱུར་ནས

CHEN RE ZIK WANG DRUP GYUR NE

may I swiftly achieve the level of powerful Chenrezik.

ཟ་ འགྲོ་བ་གཅིག་ཀྱང་མ་ལུས་པ

DRO WA CHIK KYANG MA LÜ PA

On this same level may I then place every being,

ཟ་ དེ་ཡིས་ས་ལ་འགོད་པར་ཤོག

DE YI SA LA GÖ PAR SHOK

not one left behind.

ཟ་ འདི་ལྟར་སྒོམ་བཟླས་བགྱིས་པའི་བསོད་ནམས་ཀྱིས

DI TAR GOM DE GYI PAY SÖ NAM KYI

With all the merit of this meditation and repetition,

ཟ་ བདག་དང་བདག་ལ་འབྲེལ་ཐོགས་འགྲོ་བ་ཀུན

DAK DANG DAK LA DRAL TOK DRO WA KÜN

may I and every being to whom I am connected,

ཟ་ མི་གཙང་ལུས་འདི་བོར་བར་གྱུར་མ་ཐག

MI TSANG LÜ DI BOR WAR GYUR MA TAK

as soon as these imperfect bodies are left behind,

ཟ་ བདེ་བ་ཅན་དུ་བརྫུས་ཏེ་སྐྱེ་བར་ཤོག

DE WA CHEN DU DZÜ TE KYE WAR SHOK

be born miraculously in the Pure Land of Bliss.

ཟ་ སྐྱེ་མ་ཐག་ཏུ་ས་བཅུ་རབ་བགྲོད་ནས

KYE MA TAK TU SA CHU RAP DRO NE

Immediately after taking birth there, may we pass through the ten levels

།སྤྲུལ་པས་ཕྱོགས་བཅུར་གཞན་དོན་བྱེད་པར་ཤོག

TRUL PE CHOK CHUR ZHEN DON JE PAR SHOK

and fill the ten directions with emanations to benefit others.

།བསོད་ནམས་འདི་ཡིས་ཐམས་ཅད་གཟིགས་པ་ཉིད།

SO NAM DI YI THAM CHE ZIK PA NYI

By this merit may all attain omniscience.

།ཐོབ་ནས་ཉེས་པའི་དགྲ་རྣམས་ཕམ་བྱས་ནས།

THOP NE NYE PAY DRA NAM PAM JE NE

May it defeat the enemy, wrongdoing.

།སྐྱེ་རྒ་ན་འཆི་བ་བརླབས་འཁྲུགས་པ་ཡིས།

KYE GA NA CHI BA LAP THRUK PA YI

From the stormy waves of birth, old age, sickness, and death,

།བསྲིད་པའི་མཚོ་ལས་འགྲོ་བ་གྲོལ་བར་ཤོག །

SI PAY TSHO LE DRO WA DROL WAR SHOK

from the ocean of samsara, may I free all beings.

སངས་རྒྱས་སྐུ་གསུམ་བརྙེས་པའི་བྱིན་རླབས་དང་།

SAN GYE KU SUM NYE PAY JIN LAP DANG

Through the blessing of the buddhas' attainment of the three bodies,

།ཆོས་ཉིད་མི་འགྱུར་བདེན་པའི་བྱིན་རླབས་དང་།

CHO NYI MIN GYUR DEN PAY JIN LAP DANG

through the blessing of the unchanging truth of dharmata,

།དགེ་འདུན་མི་ཕྱེད་འདུན་པའི་བྱིན་རླབས་ཀྱིས།

GEN DUN MI CHE DUN PAY JIN LAP KYI

and through the blessing of the unwavering aspiration of the sangha,

།ཇི་ལྟར་བསྔོ་བ་སྨོན་ལམ་འགྲུབ་གྱུར་ཅིག །

JI TAR NGO WA MON LAM DRUP GYUR CHIK

may this dedication prayer be accomplished.

Teaching on the Practice of Chenrezik
*For the Benefit of All Beings as Vast as the Skies*
Khenpo Karthar Rinpcohe

# 1. Taking Refuge and Engendering Bodhicitta

## Introduction

This is a presentation on the meditation and mantra repetition of the noble Great Compassionate One, Avalokiteśvara—the practice entitled *For the Benefit of All Beings as Vast as the Skies*, composed by the great accomplished master Thangtong Gyalpo (1385–1464 or 1361–1485). The text that I will be using is a brief commentary on this practice composed by the 15th Gyalwang Karmapa, Khakhyap Dorje (1871-1922).

The commentary begins with the following invocation:

> SVASTI
> Great compassion of all victors,
> Avalokita manifesting as mudrā,
> Whose enlightened activity is that of dredging the depths
>     of samsara:
> I bow to you and my venerable protector, inseparable.

The total embodiment of the great enlightened compassion of all victorious buddhas manifests in the perception of others as a being with distinctive colors and attributes, or mudrās, and bears the name Avalokita in Sanskrit, or Chenrezik in Tibetan. His enlightened activity is such that, until the three realms of samsara have been utterly emptied of beings, he will ceaselessly act to ensure their benefit. He is here identified as being essentially inseparable from the spiritual teacher. That teacher can be conceived of either as one's own root guru, whoever that may be, or likewise as any one of the incarnations of the Gyalwang Karmapa. The commentator begins by expressing his reverence for this most venerable protector.

By virtue of his altruistic heart and enlightened activity, Avalokita is more extraordinary than all the victors of the three times. The reason for this is that until samsara, or cyclic existence, has been emptied, his efforts to benefit beings never cease. He does not remain absorbed in the exclusive peace of meditation; rather, throughout all time—the past, present, and future—he is constantly engaged in the enlightened activity of gradually guiding all beings of the six states along the path to liberation and omniscience. Moreover, it was prophetically indicated by the Kinsman of the Sun, Buddha Śākyamuni, that this great being would assume a special role in the snowy region of Tibet, the land of the red-faced people—a region that would be exceptionally difficult to tame because its inhabitants had never before been guided spiritually. In spite of that challenge, the noble Great Compassionate One voluntarily accepted personal responsibility for taking the land of Tibet as his field of activity in guiding sentient beings.

And so it was that Avalokita or Chenrezik manifested in myriad ways throughout the snowy land of Tibet. Sometimes he appeared in the form of great kings; sometimes, as ministers or high-ranking government officials; sometimes, as great translators; sometimes, as master scholars; and sometimes, as *siddhas* (highly accomplished meditation masters). In short, he appeared in all manner of different forms and as different kinds of people—children, men, women. By whatever means necessary, he directly engaged in enlightened activity for the benefit of beings throughout Tibet, and thus the great power of his compassionate blessings was firmly established there.

As an indication of the great compassion of this exalted being, young children, barely old enough to speak, would spontaneously utter the sound of his unsurpassable, sublime six-syllable mantra—the king among secret mantras—even without having been taught it previously by their parents. Such occurrences stood as clear evidence of the presence of the noble Avalokita's power and compassion. In the snowy region of Tibet, the Great Compassionate Lord became foremost in the hearts of the people—their special deity apart from whom there was no other.

In the past there have appeared many sublime, emanated beings who have brought to light innumerable sādhanas based on the noble Avalokita. Some of these are elaborate; others are more concise. From among them, the specific practice of concern here was bestowed by the lord among siddhas, Thangtong Gyalpo, who was, in reality, the noble Avalokita himself appearing in human form for the benefit of the Tibetan people. He composed the present sādhana of the noble Avalokita. Its Tibetan title, *Drodön Khakhyapma*, which can be interpreted as "pervasive benefit for beings," has proven to be truly meaningful because wherever dharma centers have been established in various countries of our world, this practice has spread and been embraced by people, thereby bringing benefit to them and to their regions.

For those who are so fortunate as to undertake the practice of this meditation and mantra repetition, the structure of the practice itself will be explained in six parts. The first part is the preparation, which consists of taking refuge in the Three Jewels as sources of protection and engendering bodhicitta, the resolve to free innumerable sentient beings from the suffering of samsara. Those two, refuge and bodhicitta, constitute the preliminaries. The second part is the main part of the practice, which in general comprises tranquility (śamatha) and insight (vipaśyanā). In this context, both of these are primarily represented by the visualization of the deity. The third part is the repetition of mantra. The fourth part is the subsequent practice of bringing the preceding elements into one's experience. The fifth part is the concluding dedication of virtue to the achievement of the consummate state of buddhahood. Finally the sixth part is a discussion of the benefits of doing the practice.

## Taking refuge and engendering bodhicitta

The first part, taking refuge and engendering bodhicitta, is explained as follows. You begin by envisioning the space in front of you as a vast expanse filled with spheres of iridescent light of various sizes, different kinds of vividly colored flowers, and clouds. In the center of this expanse you visualize the noble Avalokita, whose awakened mind is identified as being essentially inseparable from that of your root guru. He is the all-inclusive embodiment of all sources of refuge and all victors who appear throughout the ten directions and the three times. He is the Three Jewels—Buddha, Dharma, and Sangha. He is also the Three Roots—the guru, the yidam deity, and the dharma protector. The guru is the source of blessings, the yidam deity is the source of spiritual attainments, and the dharma protector acts as the source of enlightened activity. With the confidence that Avalokita, the total embodiment of all six sources of refuge, is actually present in space before you, maintain this visualization without distraction.

Next you shift your attention to yourself and those who appear around you. Viewing yourself just as you are, male or female, you imagine that as the principal figure you are completely surrounded by a vast gathering of other beings. This gathering includes enemies who harm you, friends who help you, and strangers—those who have no particular influence on you. Indeed, all sentient beings of the six states—hell beings, pretas, animals, humans, asuras, and devas—are actually present with you. Moreover, you think that the three avenues—body, speech, and mind—of your being and those of all others in this vast assembly are aligned in the same way. As you bow to Avalokita, the bodies of all of you are pervaded by a feeling of respectful devotion. The same is true for your voices and your state of mind. You are fostering a total sense of appreciation and trust.

Having established that perspective, you recall the basic need common to you and all other beings—to be protected from the vast ocean of suffering in samsara. Guru Avalokita (and, by implication, all the aforementioned sources of refuge that he embodies) possesses the actual power and ability to afford you such protection from suffering. With a firm sense of confidence beyond all doubt, you regard him as the one who is truly capable of protecting you.

This act of taking refuge involves three related states of mind, the first of which is *trust*. This is the attitude of totally entrusting yourself without reservation to Guru Avalokita—placing your hopes entirely in him, knowing that he will ensure liberation from the suffering of samsara and realization of buddhahood. The second state of mind is *clear intention*, which consists of the thought, "I ask for your protection. Please protect all beings throughout space." Thirdly, you should feel *confidence*, knowing that you are certain to be protected by him, as he is the ultimate source of refuge. With those three states of mind—trust, clear intention, and confidence—you take refuge while reciting the words of the text.

Until I reach enlightenment, I take refuge in the Buddha,
  in the Dharma, and the noble Sangha.
Through the merit of accomplishing the six perfections, may I
  achieve awakening for the benefit of all sentient beings.

Buddha, or buddhahood, comprises three kāyas: dharmakāya, sambhogakāya, and nirmāṇakāya. From the perspective of the natural state, the *dharmakāya* of buddhahood is the experience of primordially present, immutable reality. From the perspective of others, the compassionate energy of buddhahood manifests in the form of deities, complete with their distinctive attributes as well as the appearances of pure realms. That dimension of buddhahood is the *sambhogakāya*. By way of emanation, buddhas also appear in whatever forms are necessary to guide beings. These forms include material bodies of flesh and blood, whether they be human bodies or those of nonhuman beings such as animals or other creatures. Such manifestations of awakened beings represent the *nirmāṇakāya*.

Genuine Dharma comprises two aspects: Dharma in the form of scripture and transmitted teachings, and Dharma as the realization of those teachings. The former includes the 84,000 aggregates of teachings that were given by the Buddha. The latter is the outcome of the process of receiving those teachings and cultivating them in experience through practice. Thus realization of Dharma is the state in which the qualities of an enlightened being have been actualized.

The Sangha, too, is understood at two levels. Generally speaking, those individuals who have assumed the vows of *prātimokṣa* (personal liberation), the vow of *bodhicitta* (the awakening mind), and *samaya* (tantric commitments), and who possess the qualities of scriptural Dharma as well as realization, represent the noble Sangha. On a much broader level, the community of practitioners and teachers constitutes the Sangha of ordinary individuals. It is represented especially by the teacher who personally gives direct practical guidance.

Thus you take refuge in the aforementioned sources of protection with the intention, "I take refuge in the Three Jewels from now until perfect awakening is achieved." When taking refuge, normally the words are recited several times rather than just once. Moreover, they are recited an odd number of times rather than an even number of times—most commonly three times, or perhaps five, or seven; but not two, four, or six. One reason for this is that with each repetition of the words you are trying to clearly establish their meaning in your mind. If you recite the passage twice, reciting it once more serves to bring the first two repetitions into balance so that the interdependence is harmonious and therefore conducive to your practice. The same would be true if you were to recite the passage five times, for instance, or seven, or twenty-one. On the other hand, if you were to recite the words only two times, without a third time to make an odd number, there would be some danger of negation due to an imbalance in the number of repetitions.

As explained, you repeat aloud the words of taking refuge as many times as desired. Having taken refuge, maintain the sense of conviction that from now on you and all other beings are actually under the protection of the noble Great Compassionate One. Such certainty is essential: unless you firmly believe that you are protected, your act of taking refuge will have little effect.

The next step is the development of bodhicitta, the awakening mind. Having visualized the presence of all six types of sentient beings before you while taking refuge, take them as your focus and reflect on their relationship to you. Throughout your beginningless history of past lives, there is no one among them who has not at some point been your mother, your father, or likewise your friend or caretaker. Every single being has supported and benefited you in the past by virtue of those relationships. So you begin by gratefully recognizing the tremendous kindness that all other beings have shown to you.

You then consider their existing situation. From the time of birth to the time of death, all these beings go about their individual lives driven by the deep desire to achieve well-being and to be free from suffering. There are no exceptions to this. As we can clearly observe, throughout the diversity of life in all its forms there is constant activity, busyness, and struggle—beings are always striving for something. What they are all striving for is the fulfillment of that basic twofold desire: to gain happiness and to avoid suffering, now and in the future.

Despite their efforts, however, they are never ultimately successful in achieving this aim. Throughout beginningless existence, beings have been in a state of fundamental confusion as to how to bring about the happiness and freedom from suffering that they so desire. The cause of happiness is virtue; the cause of suffering is negativity. Beings should, therefore, do what is virtuous in order to gain happiness and abandon negativity in order to be free from suffering. But the typical behavior of beings is such that their actions are in direct opposition to the achievement of what they want. They seek happiness, yet fail to develop its cause, virtue. They wish to avoid suffering, yet continue to perpetuate its cause, negativity. Once the karma of negative action has been established, it is utterly impossible that that cause will lead to happiness as a result. As the consequence of their misguided actions, beings bring about their own suffering while failing to accumulate the virtue that would be the cause of their happiness. It is for this reason that beings undergo all the inconceivable pain and misery of samsara and especially the agonies of bad states of existence such as the hell realms or preta realms. And this is a pattern that never comes to an end: there is no respite from the oppression of suffering, no point at which beings—all of whom have been your kind parents—are finally released from this cycle of misery.

In relation to these beings, reflect on the fact that in this life you have obtained a human body. You have not merely obtained a human body, but you have also encountered the Buddhadharma, in which you have faith and devotion. Moreover, you are practicing Mahayana Dharma under the guidance of genuine spiritual teachers. Consider how fortunate you are to have this opportunity to bring benefit to beings who are oppressed by suffering. Think, "I must do whatever I can to bring all beings to the state of ultimate happiness—the state of unsurpassable, perfect, and complete buddhahood." That intention is *aspiration bodhicitta*—the resolve to achieve perfect awakening for the benefit of all beings.

Although you give rise to this aspiration, you do not yet have the actual ability to establish all other beings in perfect buddhahood because you yourself have not yet achieved that state. This aim can only be fulfilled with the attainment of the qualities of liberation and all-knowing wisdom. Nevertheless you need to begin by forming this resolve to bring all beings to perfect awakening.

How is it that you will enable yourself to bring about the actual fulfillment of your aspiration? Through practicing this profound deity meditation and mantra repetition of the noble Avalokita, you will realize the sublime state of the Noble One. This practice is the means whereby you can accomplish that goal. Resolve your intention by thinking, "With such realization, as long as the three realms of samsara continue to persist, I will do whatever is necessary to emulate the noble actions and perfect liberation exemplified by Avalokita for the benefit of beings." By generating this strong, heartfelt motivation, you aspire to become just like Avalokita, to achieve that same power and ability to help others. In the presence of Guru Avalokita, you affirm this great promise to achieve perfect buddhahood for the benefit of all beings. He bears witness to your act of engendering aspiration bodhicitta because his all-knowing gaze perceives your thoughts. He is directly aware of the noble intention that arises in your mind.

By virtue of doing the meditation and mantra repetition of this practice, *For the Benefit of All Beings as Vast as the Skies*, you generate tremendous merit. The purpose of that merit, however, needs to be specified. You develop such virtue with the express aim of helping other beings, not only in temporary terms but by ultimately bringing them all to the state of perfect buddhahood. Having determined your intention thus, you prepare to follow through with your commitment in practice, which is *implementation bodhicitta*—the engaged aspect of the awakening mind.

As explained above in the discussion of taking refuge, you recite the words of refuge and bodhicitta an odd number of times, such as three, five, or seven; but not an even number of times, such as two, four, or six. Thus resolve your state of mind as you begin the practice by way of taking refuge and engendering bodhicitta, so as to clarify your purpose.

Likewise, you should strive to develop your visualization with as much clarity as possible. Innumerable light rays radiate from the body of Guru Avalokita before you. These light rays strike all the beings of the six states you have visualized. In that very instant, the brilliant light rays purify them of all the negativity and obscurations they have accumulated throughout beginningless existence. Likewise, all the unimaginable suffering that they endure comes to an end; as a result, they are imbued with a sense of well-being. You then think that noble Avalokita as the principal source of refuge as well as all the innumerable buddhas and bodhisattvas throughout the ten directions melt into light. This light then dissolves into you, blessing the continuum of your physical, verbal, and mental being.

That constitutes the first phase of the practice, taking refuge and generating bodhicitta. Strive to properly recite the words and develop the visualization.

# 2. Meditation on the Form
## of the Deity

We have completed the preparation, comprising taking refuge and engendering bodhicitta, including the accompanying visualization. Now we continue with the second part: meditation on the form of the deity.

In order to put deity meditation in context, we can consider it in terms of the *ground of being*. What we experience as the ordinary body is a manifestation of delusion—a misapprehension of the ground. Inherent within that same ground, however, are the *kāyas*, or "bodies," of buddhahood itself: dharmakāya, sambhogakāya, and nirmāṇakāya. In reality, these kāyas constitute the true nature of the body. All the perfect qualities of buddhahood are therefore intrinsic to the ground of being. It is in order to reveal those qualities that we practice deity meditation.

These qualities, moreover, are not in any way contrived. We might assume that in visualizing the form of the deity we are trying to newly invent something that we did not previously possess or newly acquire something from some source extraneous to ourselves. Similarly, we might think that we are deliberately fabricating something that does not correspond to actual reality. But these would be misconceptions because the qualities of perfection are already innately present within the ground of each individual's being. It is those innate qualities—the heart qualities of noble awakened beings—that we aim to realize through deity meditation.

You begin by seeing yourself as you appear ordinarily, which is to say, from the perspective without realization of the natural state. You are completely surrounded by all other sentient beings, who are the object of your compassion, as I explained earlier in the discussion of refuge and bodhicitta. Continue to visualize them in the same manner as when taking refuge. Above the crown of your head and that of every other being there appears a great white lotus flower in full bloom. It has eight petals and is complete in every detail, including anthers in the center. Above the lotus there appears a perfect disk of white moonlight, like the full moon appearing vividly in the night sky. This disk of pure white moonlight is utterly pristine, free of any stain or flaw. Above it appears the syllable HRĪḤ. The HRĪḤ is totally white and lustrous with a pearlescent quality. It is a natural manifestation that completely embodies the enlightened compassion and ability of all victors. Visualize the white lotus, disk of moonlight, and syllable HRĪḤ appearing above the crown of your head and those of all other beings.

You then visualize innumerable moonlike rays of light emanating from the HRĪḤ syllable, radiating outward into all the mandalas of the victorious buddhas and bodhisattvas who abide throughout the ten directions, without exception. The light rays manifest as immeasurably profuse offerings that bring tremendous pleasure to them. Furthermore, the light rays strike you and all other beings in the six states, removing all sickness and harmful spirits from each individual. They also purify the negativity of unwholesome actions accumulated throughout beginningless time, which would otherwise ripen and be experienced as suffering and obscurations. Such obscurations would prevent the achievement of liberation and the ultimate realization of all-knowing pristine awareness. The brilliant white radiance from the HRĪḤ floods all the realms inhabited by beings of the six states and instantaneously dispels their suffering: it fills the hell realms, bringing relief to all the beings tormented

2. Meditation on the Form of the Deity

by unimaginable pain and agony there; it fills the realms of the pretas, satisfying their hunger and quenching their thirst. Likewise, the radiance fills the realms of animals and all other forms of life. With the removal of their suffering, they are left in a state of genuine well-being.

You then think that the blessings of all noble awakened beings—the buddhas and bodhisattvas—are gathered in the form of light rays, which dissolve back into the white HRĪḤ syllable above your crown and that of every other being. This causes the HRĪḤ to transform instantaneously into the noble and sublime Avalokita, or Chenrezik. His form is utterly white, like the brilliant glare of sunlight reflecting off the surface of snow. It is clear and radiant with iridescent light of five colors: white, red, blue, yellow, and green. This brilliant, five-colored iridescent light fills the pure realms of the innumerable buddhas and bodhisattvas throughout the ten directions, exhorting them to compassionately consider beings, and act for their benefit. The light rays also fill the realms of the six types of beings, dispelling their suffering and leaving them in a state of well-being.

Avalokita displays his great affection for you and for all beings with a radiant smile. So natural and genuine is his loving benevolence that it is comparable to the feeling a mother has for her only child. Throughout the past, present, and future, he is always gazing upon the realms of beings in a state of pervasive awareness with his benevolent and compassionate heart.

Avalokita has four arms. The palms of his first two hands are joined in the gesture of prayer at his heart. The second right hand holds a white crystal mala; the second left hand holds a white lotus flower with eight petals and a stem. He wears an exquisite upper garment of white silk adorned with a golden design as well as silken streamers and a skirt of red silk. His various articles of jewelry include a diadem of gold from the Jambu River ornamented with fine clusters of divine jewels; earrings; short, medium, and long necklaces; armlets; bracelets; anklets; and an ornamental belt adorned with a series of small bells, the pleasant sound

of which is clearly audible. His entire body is perfectly adorned with all
of the aforementioned features. Over his left breast he wears the golden
pelt of a kṛṣṇasāra antelope. Noble Avalokita's long locks are bound up
in a topknot at the crown of his head, with the excess freely hanging
down. At the peak of the topknot is the crowning presence of Buddha
Amitābha, the lord of Avalokita's family of awakened beings, appearing
with the attire of a supreme nirmāṇakāya. Chenrezik, or Avalokita, has
two legs; they are fully crossed in the vajra posture. He appears
immersed in a backdrop of moonlight like the full disk of the moon,
utterly pristine and flawless. He is the single, all-inclusive embodiment of all sublime sources of refuge who abide throughout the ten
directions and appear throughout the three times: those who have
appeared in the past, those who appear in the present, and those who
will appear in the future are all personified in the figure of Avalokita,
appearing above the crown of your head and those of all other beings.

What I have just described is the *creation phase*, which refers to the
process of developing the visualization of the deity. That will then serve
as the basis for the ensuing part of the practice in which the mantra
recitation becomes the focus.

> On the crown of myself and all beings present throughout
>    space, on a moon and white lotus,
> Is a HRĪḤ from which Chenrezik arises, radiating clear white
>    light suffused with the five colors.
> His eyes gaze in compassion and his smile is loving.
> Of his four arms, the first two are joined in a prayer and the
>    lower two hold a crystal rosary and white lotus.
> He is arrayed in silks and jewel ornaments.
> He wears an upper robe of doeskin, and his head ornament is
>    Amitābha, Buddha of Boundless Light.
> His two feet are in vajra posture; a stainless moon is his
>    backrest.
> He is the essential nature of all those in whom we take refuge.

To review this visualization in brief as given in the practice text, above the crown of your head and those of all other beings throughout space there appears a great white lotus flower; above that, a disk of white moonlight like the full moon; and above that, the syllable HRĪḤ. Light rays radiate from the syllable HRĪḤ; they then return and are absorbed into the HRĪḤ, which transforms into the noble and sublime Avalokita, or Chenrezik.

His form is white, radiant with five-colored iridescent light. Smiling affectionately, he continuously gazes upon all beings with compassionate eyes. He has four arms. The palms of his first two hands are joined.

His second right hand holds a crystal mala; his second left hand, a white lotus flower. He is adorned with various silken garments and precious ornaments. His left breast is covered by a kṛṣṇasāra pelt adorned with a golden design. The protector Amitābha, lord of Avalokita's family of awakened beings, crowns his head. Avalokita is seated with his two legs fully crossed in the vajra posture, signifying that he never deviates from his altruistic aims. Flawless, he appears against a backdrop of stainless moonlight. Countless buddhas and bodhisattvas are unified within the single figure of the noble Avalokita: he is the complete, all-inclusive embodiment of all sources of refuge.

Recite the words at a relaxed pace, taking your time so as to allow for clear visualization of each aspect of the deity's form, beginning with his overall appearance and then building on that with each of the specific details and attributes. This is important because the visualization will be sustained throughout the ensuing phases of the practice. Develop the visualization as clearly as possible in every respect.

## 3. Mantra Repetition

## Invoking the compassionate heart of the deity by way of prayer

Continuing to visualize the noble and sublime guru Chenrezik, think that as you recite you are praying to him in unison with all other beings. With a single-minded sense of complete trust beyond all doubt, think "You know what to do," recognizing that he has the necessary knowledge and ability to lead you and all other beings to freedom from suffering. Knowing that you must rely on him in order to achieve such liberation, pray to him with the thought, "Please deliver me and all beings of the six states from samsaric existence, and guide us to the level of perfect omniscient awakening."

> Lord, not touched by any fault, white in color,
>     whose head a perfect buddha crowns,
> Gazing compassionately on all beings,
>     to you Chenrezik, I prostrate.

The commentary suggests that you might recite the foregoing prayer a hundred times, or twenty-one times, or seven times. In fact, there is no fixed number: you simply repeat this prayer as many times as you wish.

It should be recited repeatedly until you are moved with a powerful sense of trust and devotion. Ideally it should be recited again and again to the point where a definite change in the quality of your perception takes place. Ordinary experience involves delusive states of mind such as self-fixation, fixation on true existence, and doubt. Through the sheer power of ardently repeating this prayer, you seek to bring about a transformation in your perception that goes beyond such limitations.

At this point in the liturgy, if there is sufficient time and you wish to do so, you may insert additional prayers as appropriate. Examples would include the *Praise to Avalokiteśvara* composed by the nun Lakṣmī and the *Lamenting Praise* composed by the master Candrakīrti. (c. 600–c. 650 CE). Such prayers and praises to Avalokiteśvara carry great blessings, so when you incorporate them here you bring their blessings into the practice. By doing so, they become a supplement that serves to enhance the power and quality of the practice overall. As suggested in Karmapa Khakhyap Dorje's commentary, other masters of our tradition have specified the inclusion of additional prayers composed by great beings. For instance, the Lord of Refuge Kalu Rinpoche (1905-1989) as well as the 16th Karmapa Rangjung Rikpe Dorje (1924-1981) established the custom of using certain prayers at this point, including one form of the Seven Branch prayer. For this reason, throughout our community of affiliated Karma Kagyu centers, this practice is normally done with that same series of additional prayers.

> With deep and clear faith I prostrate
>   to noble and powerful Chenrezik,
> And to all the buddhas and bodhisattvas
>   of the ten directions and three times.

The first of the seven branches is prostration. You regard as the objects of veneration the noble Avalokiteśvara and all the countless victors and their bodhisattva children, both male and female, who abide throughout the ten directions and appear throughout the three times. Their state of awakening is such that they have perfectly realized all the qualities of enlightened body, speech, and mind. Seeing this with lucid wonderment, you prostrate to them in every respect, bowing with your body, praying with your speech, and feeling trust and devotion in your mind.

> I make offerings, both actual and imagined, of flowers, incense,
>   lights, perfume, food, music, and much else.
> Assembly of Noble Ones, please accept them.

Next is the branch of making offerings. Bring to mind all the beautiful flowers that exist in this world as well as those found in the celestial realms; wafting clouds of incense; precious jewels, lamps, and other sources of light such as the sun and the moon; various fragrances and perfumes; all kinds of fine foods with hundreds of delicious flavors and utterly pure water endowed with eight perfect qualities; and music, so pleasing and captivating to the ear that suffering dissipates merely upon hearing it. You include in this gesture of offering all such things that exist throughout the realm of humanity and the realms of the devas— in short, anything and everything that is pleasing and desirable. This would include not only offerings that may actually be present but also anything you can think of that is worthy of being offered. Imagining each of these being multiplied in inconceivably vast, limitless quantities, you humbly ask Avalokita and all the buddhas and bodhisattvas to accept your offering. From their side as sublime awakened beings, they are free from fixation; they have no particular need or desire to obtain anything from you. Nevertheless from your side you ask them to kindly accept these offerings in consideration of beings' need to develop merit through practices such as this.

> From beginningless time until now,
>   I confess all the ten unvirtuous acts
> And the five actions of immediate consequences—all the
>   negative actions
> I have committed while influenced by mental afflictions.

The next branch is the confession of negativity. Consider the fact that you and all other beings have accumulated tremendous negativity throughout beginningless past lives. Whether they be any of the ten unwholesome actions or the five actions of immediate consequence, all such instances of negativity have come about because you have acted under the influence of delusion and other mental afflictions. Taking into account all your physical, verbal, and mental negative karma, you sincerely confess it before all the buddhas and bodhisattvas of the ten directions so as to be free of that burden.

> I rejoice in the merit of whatever virtue
>     śrāvakas, pratyekabuddhas, bodhisattvas,
> And ordinary people have gathered
>     throughout the three times.

You then rejoice in virtue. Think of śrāvakas and pratyekabuddhas who achieve arhatship as the result of their training in virtue; think of bodhisattvas who realize the qualities of the ten levels of awakening. Likewise, reflect on whatever physical, verbal, and mental virtues ordinary beings possess. This includes the corruptible virtue that arises with the accumulation of merit, as well as the incorruptible virtue that arises with the development of wisdom. In brief, you bring to mind all the merit that is ever generated by all beings throughout all of time—the past, present, and future—and rejoice in appreciation of that goodness.

> Please turn the wheel of the Dharma
>     of the greater and lesser vehicles
> To meet the variety of motivations
>     and different minds of living beings.

Next is the branch of requesting that the wheel of the teachings be set in motion. Because beings are so diverse in their dispositions, abilities, and interests, an equally diverse range of approaches to spirituality is necessary in order to meet their individual needs. The teachings of buddhas are collectively described with the metaphor of the *dharma-cakra*, or "wheel of Dharma," which is represented by any of the various approaches to those teachings: greater, lesser, common, and so forth. You make the request that Dharma teachings be given in whatever ways are appropriate to address the needs of countless beings.

> Until samsara is completely emptied,
>     I beseech you not to pass into nirvana
> But to look with great compassion on all living beings
>     caught in an ocean of suffering.

In their state of awakening, buddhas may choose to enter nirvana, thus leaving behind the limitations of mundane existence altogether. With the next branch you address this possibility by making the express request that the buddhas should not enter nirvana as long as ordinary beings have not achieved the state of buddhahood and the three realms of samsara have not been totally emptied; rather, they should continue to remain and compassionately consider beings who are adrift in a vast ocean of suffering.

> May whatever merit I have accumulated
>     become a cause for the enlightenment of all beings.
> Not taking long, may I soon
>     become a magnificent guide for living beings.

All the virtue that has been generated by way of the preceding six branches is subsumed in the seventh branch, the dedication of merit. You make the aspiration, "May whatever merit I have accumulated through prostration, offering, and so forth serve as a cause for all beings to awaken to buddhahood; thereby, without delay, may I become identical to the noble Avalokita in achieving the glory of guiding beings along the path to liberation and omniscience."

The great siddha Thangtong Gyalpo, composer of our sādhana, was, in a previous life, the monk Pema Karpo. As Pema Karpo, he composed a special prayer to the noble Avalokita—one that carries great blessings. I will now explain this prayer.

> Lama Chenrezik, I supplicate you.
> Yidam Chenrezik, I supplicate you.
> Noble, supreme Chenrezik, I supplicate you.
> Refuge and protector, Chenrezik, I supplicate you.
> Kind protector, Chenrezik, I supplicate you.
> Buddha of Great Compassion, hold me in your compassion.

With the words "Lama Chenrezik, I supplicate you," you supplicate the guru in the form of noble Chenrezik, who is the single, all-inclusive embodiment of all gurus. "Yidam Chenrezik, I supplicate you": again you supplicate Avalokita, now as the yidam. He is the single, all-encompassing embodiment of all the myriad manifestations of meditational deities. "Noble, supreme Chenrezik, I supplicate you": again you supplicate Avalokita, who is noble and sublime in that he is the single, complete embodiment of all bodhisattvas who abide on the tenth level of awakening. "Refuge and protector, Chenrezik, I supplicate you": Avalokita is the ultimate refuge in that he is the all-encompassing personification of all sources of refuge: whether they appear as gurus, deities, or bodhisattvas, he essentially embodies them all. He is also the ultimate protector of beings because he is capable of protecting them from suffering and ensuring that they will finally be liberated from samsara. "Kind protector, Chenrezik, I supplicate you": While Chenrezik does indeed have the capacity to protect beings from suffering, that alone would not guarantee that they would be protected—tremendous love and compassion is also essential. Because Chenrezik embodies the qualities of benevolence and compassion for beings as well as the capacity to protect them from suffering, you pray to him as the loving protector. "Buddha of Great Compassion, hold me in your compassion": with these words you invoke Avalokita's noble heart, knowing that he is the total embodiment of the compassion, ability, and blessings of all buddhas.

Innumerable beings have wandered in endless samsara
   and experienced unbearable suffering.
Protector, they have no other refuge than you.
Please bless them that they attain the omniscience that is
   awakening.

Throughout beginningless and endless samsara, beings are born into the
three realms of existence, not merely once or twice but countless times.
Powerless to help themselves, they are compelled to roam from one existence to another. As they do so, they experience intolerable suffering
such as the unimaginable extremes of heat and cold in the hell realms
and other states. As long as the negative karma that led to those consequences has yet to be exhausted, they are forced to endure such miseries.
Avalokita is the refuge and protector who is capable of protecting beings
from the suffering of existence. With the words "Protector, they have no
other refuge than you," you acknowledge that Avalokita alone is totally
capable of affording protection from suffering because he is the complete embodiment of all sources of refuge—all gurus, deities, and awakened beings, without exception. Thus you ask Avalokita to grant his
blessings in order to ensure that all beings in samsara ultimately achieve
the omniscient state of buddhahood.

   With the foregoing as a general supplication, what follows is a supplication that addresses the particular sufferings of beings in specific states
of existence.

Compelled by negative karma, gathered from
   beginningless time,
Living beings, through the force of anger, are born as
   hell beings
And experience the suffering of heat and cold.
Supreme deity, may they all be born in your presence.

Beings are compelled to roam in samsara due to the negative karma they
have accumulated physically, verbally, and mentally throughout their

beginningless history of lives. Because of that, and primarily because of intense anger, beings are born in the hell realms where they experience the intolerable agonies of extreme heat and cold. You pray to Avalokita, "Sublime deity, please ensure that the beings suffering in the hells are reborn in your presence." To that end, you recite OṂ MAṆI PADME HŪṂ

> Compelled by negative karma, gathered from beginningless
> time,
> Living beings, through the force of miserliness, are born in the
> realm of hungry ghosts
> And experience the suffering of hunger and thirst.
> May they all be born in your supreme realm, the Potala.

Because of negative karma accumulated throughout beginningless past existences, and primarily because of stinginess, beings are born as pretas, or anguished spirits. Once born in that form, as long as the obscuration of their negative karma has not been exhausted they are forced to endure unimaginable suffering due to intense hunger, thirst, and other kinds of privation. You pray that noble Avalokita grant his blessings that the pretas may be rescued from their states of misery and reborn in Potala, his sublime pure realm. To that end, you recite OṂ MAṆI PADME HŪṂ.

> Compelled by negative karma, gathered from beginningless
> time,
> Living beings, through the force of bewilderment, are born
> as animals
> And experience the suffering of dullness and stupidity.
> Protector, may they all be born in your presence.

Because of immeasurable negative karma accumulated throughout their beginningless history of lives, and primarily because of delusion, beings are born as animals. Animals experience innumerable sufferings due to dullness and stupidity as well as powerlessness. You pray to Avalokita as the protector of all such beings: "May all animals be reborn in your presence: OṂ MAṆI PADME HŪṂ."

> Compelled by negative karma, gathered from beginningless
> time,
> Living beings, through the force of desire, are born in the
> realm of humans
> And experience the suffering of constant toil and poverty.
> May they be born in the supreme pure land of Dewachen.

Because of boundless negative karma accumulated throughout their beginningless succession of past lives, and primarily because of greed and attachment to sense pleasures and wealth, beings are born as humans. Generally speaking, human beings endure birth, sickness, aging, and death—four great rivers of suffering. Moreover, they also experience the distress of encountering situations that they wish to avoid and the frustration of failing to achieve their aims. Human life is characterized by the endless struggle to survive and to succeed; yet, inevitably, there is failure and loss. All human beings suffer in these and other ways.

Furthermore, human existence holds tremendous potential—both for benefit and for harm. Having been born as human beings, if we are then fortunate enough to come into contact with authentic Dharma and to learn and practice it under the guidance of qualified spiritual teachers, this human form will serve as the best means for us to develop spiritually and ultimately awaken to buddhahood. On the other hand, the same human existence can be abused. Humans are especially capable of terrible violence and harm—far more so than other forms of life in samsara. With the knowledge that such destructive potential exists, implied in your supplication is the wish that all humans should use their lives only in the most meaningful and beneficial ways so as to gradually progress toward buddhahood. You pray to Avalokita that all humans should be reborn in the pure realm of Sukhāvatī, the Blissful. To that end, you recite OM MANI PADME HŪM.

> Compelled by negative karma, gathered from beginningless
>    time,
> Living beings, through the force of jealousy, are born in the
>    realm of demigods
> And experience the suffering of fighting and quarreling.
> May they be born in your realm, the Potala.

Because of measureless negativity accumulated throughout beginning-less time, and primarily because of jealousy, beings are born as asuras, or jealous gods. There is no peace or happiness among the asuras: from birth until death, they experience nothing but conflict, fighting, and violence throughout their lives. You pray to Chenrezik: "May the asuras be reborn in your pure realm, Potala: OM MANI PADME HŪM."

> Compelled by negative karma, gathered from beginningless
>    time,
> Living beings, through the force of pride, are born in the
>    realm of gods
> And experience the suffering of change and downfall.
> May they all be born in your realm, the Potala.

Because of tremendous negative karma accumulated throughout begin-ningless time, and primarily because of pride, beings are born in the realms of devas, or gods. Generally speaking, the devas' existence is a state of great comfort and pleasure. But it is not a state of freedom from suffering, because these beings inevitably undergo the agony of death and downfall. As the devas approach the end of their very long lives, through their clairvoyance they become aware of their impending death and can actually see the lower states of existence into which they are about to plunge; yet they are completely powerless to avert their demise. So severe is the extreme shift from divine luxury to imminent death and downfall that the devas' experience of mental anguish is even worse than the torments experienced by beings in lower states such as the hells. You pray to Avalokita: "May the devas be reborn in the pure realm of Potala." To that end, you recite OM MAŅI PADME HŪM.

Thus the foregoing passages constitute a prayer for all beings of the six states to be guided to the pure realms.

> Through all my existences,
>     may my deeds equal Chenrezik's.
> In this way, may all beings be liberated from the impure
>     realms, and
> May the perfect sound of your six-syllable mantra pervade the
>     ten directions.
> By the power of supplicating you, Most Noble and Perfect One,
>     may all those who will be my disciples
> Take seriously the causes and effects of karma and diligently
>     practice virtuous acts.
> May they take up the Dharma for the good of all.

As the practitioner supplicating Chenrezik, you continue by making further aspirations in the next passage: "In this and all future lives, may I liberate beings from impure realms of existence by virtue of deeds that are like those of noble Avalokita, who frees beings from their suffering. May the means to accomplish this—my practice of the sublime six-syllable mantra, the manifestation of Avalokita's enlightened speech—spread throughout the ten directions. Through the power of my supplicating you, noble and sublime Avalokita, may all beings of the six states—those to be guided as my students—gain conviction in the reality of karma and the relationship between actions and their results. Based on that, may they make conscientious, ethically informed choices by striving in the ten wholesome actions and abandoning the ten unwholesome actions. For the benefit of beings, may we thus possess authentic Dharma." With that aspiration, we conclude the prayer to Avalokita that was composed by the monk Pema Karpo.

## The practice of deity yoga based on the radiation and absorption of light rays

By having prayed like this one-pointedly, light rays radiating
    from noble Chenrezik purify the appearances of delusion.
The outer world of the environment becomes the Pure Land
    of Bliss.
The body, speech, and mind of beings, the inner world,
    become the body, speech, and mind of Chenrezik.
All appearance, sound, and awareness are inseparable
    from emptiness.

In this phase of the practice, the ordinary appearances of impure realms are to be transformed by the radiance of Chenrezik's form, resulting in the pure manifestations of enlightened body, speech, and mind.

In response to your single-minded supplication, the awakened heart of the noble Great Compassionate One is invoked. This causes countless rays of white light imbued with five colors to radiate from his body, visualized above the crown of your head and those of all other beings. Of the five colors, white is predominant, which signifies the purity of Chenrezik's nature as the ultimate embodiment of great love and compassion. The brilliant light rays strike your body and those of all other beings of the six states, instantaneously purifying you of all forms of negativity that have accumulated in your continuum of being throughout beginningless time. The way in which this happens is analogous to how darkness is instantaneously dispelled by simply turning on a light.

Of the various kinds of negative actions, five are considered to be the worst in that they have immediate and severe karmic consequences. These actions are the following: killing one's father, killing one's mother, killing an arhat, causing a buddha to bleed with malicious intent, and causing a serious schism in the sangha.

There are also ten general kinds of *unwholesome actions*. Three of these are physical: killing, which is the act of terminating a sentient being's life; stealing, which means to take what is not given; and sexual misconduct, or unchaste behavior. There are four verbal types of unwholesome actions. Lying, or speaking untruthfully, would include any instance of blatantly trying to deceive and thus harm one's spiritual teachers or others in general. Divisive talk refers to any mean-spirited attempt to deliberately cause discord among others who have a harmonious relationship. Harsh words, or abusive words, refers to speaking with a hateful or malicious attitude in a way that is damaging to another's feelings. Idle chatter is pointless talk that may not be overtly harmful in the way the first three verbal actions are but is nonetheless unwholesome in that it is not beneficial. There are also three unwholesome actions that are mental in nature. Covetousness is greed that is focused on that which others possess; it is the sense of wanting for oneself the material wealth, prosperity, or fame that belongs to them. Ill will, or harmful intention, refers to any hateful wish for harm to come to another, whether in verbal, physical, or mental ways. Finally, wrong views refer to any of various gross misconceptions, such as denial of the possibility or benefits of liberation from samsara, or denial of the fact that unwholesome actions are negative and should be avoided because they lead to suffering.

Thus there are ten kinds of unwholesome actions.

These actions, as defined above, and any actions similar to them, are considered to be negative. The reason why they are considered negative or unwholesome is that, once the karma of these actions is accumulated in the individual's continuum of being, it is certain to ripen and be experienced as suffering. The certainty of unpleasant consequences resulting from such actions is due to the fact that accumulated negative karma is nondissipating.

*Obscurations* constitute another aspect of negativity. They include five general kinds of disturbing emotions: desire for sense pleasures or wealth, anger toward others, delusion in relation to the nature of things, pride in seeing oneself as being superior to others, and jealousy in resenting those who are perceived to be in a position superior to one's own. These mental afflictions, as well as actions that stem from them, are to be relinquished. This includes all instances of negativity as indicated in terms of the precepts of moral discipline, whether those of prātimokṣa, bodhicitta, or samaya. Included likewise are any actions that may not be specified in terms of precepts but would nevertheless be considered negative—moral indiscretions or actions that are in one way or another unwholesome. All of the above constitute obscurations in that they obstruct the achievement of the well-being of higher states of existence and prevent progress on the path that culminates in actual liberation from existence altogether.

*Downfalls* are a category of negative actions that relate to the three levels of vows: prātimokṣa, bodhicitta, and samaya. Once any one or more of these vows have been assumed, you are obligated to do your best to honor those commitments. Failure to do so can sometimes happen because of a lack of respect for the vows, that is to say, a lack of appreciation for their purpose, which is to serve as a guiding support that keeps you oriented toward liberation and awakening. Sometimes even while you have respect for the vows, you might not properly observe them because of distraction or sheer negligence. In either case, such moral shortcomings may constitute downfalls. They are considered downfalls because if nothing is done to rectify them they will cause you to fall down into lower states of existence. If this should happen it would be a temporary setback—temporary in that once your karmic situation is rectified and you emerge from those unfortunate states you can eventually continue to progress toward liberation and awakening. Nevertheless as long as you remain in unfortunate states your progress is severely delayed because you have no opportunity to engage in virtue.

In terms of moral conduct, lesser faults can also be incurred. This happens when you contravene minor points of the training. Although these problems may not be severe enough to cause you to fall into lower states, they will nevertheless delay your achievement of ultimate awakening. As long as you still have incidental faults, it will take you that much longer to awaken to buddhahood.

In brief, we have negativity and obscurations, which derive from impurity and bad karma, and moral faults and downfalls, which are caused by mental afflictions. Bringing these into the context of the visualization, you think that all such negativity, obscurations, faults, and downfalls are instantaneously purified by the light rays that radiate from the body of noble Avalokita, striking you and all other beings. The brilliant light purifies all cognitive obscurations as well. Cognitive obscurations consist in the habit of delusion, developed throughout beginningless time, where *delusion* refers to "dualistic perception." It is the misperception of there being a truly existent distinction between self and other, or between the apprehending subject and apprehended object in one's experience.

You then think that you and all beings are blessed by the noble Avalokita such that your ordinary body, speech, and mind become completely inseparable from his enlightened body, speech, and mind. In that way, your appearance becomes totally vivid as you take on the form of the Noble One, like a rainbow in your empty manifestation. The brilliant radiance completely fills all the realms of the six states of existence throughout space, effecting a profound, all-pervasive transformation of phenomenal appearances. The entire external environment of the world—the objective side of appearances—becomes the completely pure realm of Akaniṣṭha Sukhāvatī, the Unsurpassed Realm of Bliss.

This extraordinary realm is devoid of even the names of mundane material entities such as earth, rocks, and mountains; rather, its features have the nature of precious substances and rays and spheres of rainbow light. The inhabitants of the world—the six types of sentient beings—are all released from their respective sufferings as hell-beings, pretas, animals, and others; their bodies are vividly transformed into the enlightened body of the noble Great Compassionate One. All the ordinary sounds that beings produce as well as the sounds of the inanimate elements of the world become the naturally manifesting resonance of the six-syllable secret mantra. All thoughts and occurrences that arise within the mind are purified of their delusional aspect and are revealed to be the enlightened mind of the Noble One as awareness and emptiness, inseparable. Thus you experience appearances in their pure aspect as the manifestation of the enlightened body of Avalokita as well as his pure realm, all sound as the sound of secret mantra, and all mental events as naked, empty awareness manifesting as the enlightened mind. In that way, you regard the appearances of your body, speech, and mind as well as those of all other beings as being inseparable from the manifestation of the enlightened body, speech, and mind of the noble Great Compassionate One.

With that perception, you rest in meditative absorption in the great, all-pervasive state beyond concepts, free from apprehension or fixation, and prepare to recite the six-syllable mantra.

In response to your single-minded, unhesitating supplication to noble Avalokita, brilliant rays of five-colored iridescent light radiate from his body. As I explained earlier, the light rays purify you and all other beings of impure karmic perceptions and deluded consciousnesses. The rays of light reveal the external world to be the Blissful Pure Realm, while the body, speech, and mind of all beings who inhabit that realm become inseparable from the enlightened body, speech, and mind of Avalokiteśvara. This means that you perceive all appearances as divine appearances, all sounds as the resonance of mantra, and all thoughts and events that arise in the mind as the manifestation of empty awareness. All three of these aspects of manifestation—appearance, sound, and thought—are inseparable from their emptiness.

Having recited the foregoing and clearly imagined the details of the visualization described above, you come to the repetition of the six-syllable mantra, OṂ MAṆI PADME HŪṂ. The mantra repetition is to be done as the main part of the practice session. The mantra itself is very simple, comprising just six syllables: OM, MA, ṆI, PAD, ME, HŪM. Because it is so short, it is easy to remember. And once you learn it you can freely recite it at any time, so it is an especially convenient mantra to incorporate into your ongoing practice. Moreover, because it is imbued with tremendous meaning and beneficial qualities, the six-syllable mantra is unsurpassable in its greatness—it is the king among secret mantras.

The profound significance of the six-syllable secret mantra is connected to noble Avalokita's status as the total embodiment of the power of the wisdom of all buddhas. The six-syllable secret mantra is itself the distillation of the power and capability inherent in Avalokita's compassion and in the full range of his enlightened activity. The six syllables, in other words, are the concise expression of Avalokita's magnificence and of his capacity to bring beings to the state of liberation and omniscience.

The first syllable of the six is OM. The white syllable OM manifests from the inherent energy of the five aspects of the wisdom of the Noble One; it is the complete embodiment of the qualities of that wisdom. From among the six transcendent virtues, it has the nature of the *transcendent virtue of meditation.* OM purifies oneself and others of the mental affliction of pride as a cause of suffering; it also purifies the resultant suffering that is produced by that affliction—general suffering and the particular suffering of transference and downfall experienced by the devas. This syllable is inseparable from the enlightened body and altruistic activity of Indraśakra, the sage associated with the deva realm. It is the formal manifestation of the *intrinsic radiance of the wisdom of sameness*—one of the five aspects of wisdom. It guides beings of the six states to the southern pure realm of Śrīmat, the Glorious, and brings about the attainment of the enlightened body of Buddha Ratnasambhava. Such are the power and blessings of the syllable OM.

The next syllable, MA, is green. This syllable manifests from the energy of the Noble One's unceasing, boundless love and compassion for all beings; it represents the enlightened activity that transpires through his benevolence. It has the nature of the *transcendent virtue of patience*, or forbearance. It purifies the mental affliction of jealousy as a cause of suffering; it also purifies the general resultant suffering that is produced by jealousy and the particular suffering of fighting and conflict that characterizes the realm of the asuras. It is inseparable from the enlightened body and activity of Vemacitra, the sage associated with the asuras. From among the five aspects of wisdom, MA is the formal manifestation of the *intrinsic radiance of wisdom as ensured fulfillment*. It guides beings of the six states to the northern pure realm of Karmaprasiddhi, the realm of Total Fulfillment, and enables achievement of the enlightened body of Buddha Amoghasiddhi.

The third syllable, NI, is yellow. It arises through the energy of the Noble One's tremendous compassion—compassion that is effortless in that it involves no contrived action and all-encompassing in that it extends to all beings impartially. It is vajra-like in that it is the unchanging timeless awareness that totally encompasses enlightened body, speech, mind, and activity. It is the syllable that reverses the samsara of sentient beings into the expanse of nirvana. From among the six transcendent virtues, it has the nature of the *transcendent virtue of moral discipline*. It purifies the defilement of dualistic unawareness as a cause of suffering; it also purifies the general resultant suffering that is produced by that unawareness and, in particular, the four great rivers of suffering that characterize human existence: birth, aging, sickness, and death. The syllable NI is inseparable from the enlightened body and activity of Śākyamuni, the sage of the human realm. It is the formal manifestation of the *inherent radiance of self-existing timeless awareness*. It guides beings of the six states to the completely pure realm of Akaniṣṭha Dharmadhātu, the Unsurpassed Realm of the Basic Space of Phenomena, and it brings about the attainment of the enlightened body of the sixth buddha, Buddha Vajradhara.

The next syllable, PAD, is blue. This syllable manifests through the inherent energy of the unbiased compassion and boundless impartiality of the noble Great Compassionate One; it represents the enlightened body. From among the six transcendent virtues, it has the nature of the *transcendent perfection of knowledge*. It purifies the causal affliction of delusion; it also purifies the general resultant suffering produced by that affliction and, in particular, the countless sufferings experienced by animals such as those of dullness and stupidity as well as enslavement by human beings. PAD is inseparable from the enlightened body and activity of Sthirasiṃha, the sage who appears for the benefit of animals. From among the five aspects of wisdom, this syllable is the formal manifestation of the *intrinsic radiance of wisdom as the basic space of phenomena*. It leads beings of the six states to the central pure realm of Ghanavyūha, the Densely Arrayed, and brings about the achievement of the enlightened body of Buddha Vairocana.

The next syllable, ME, is red. ME manifests as the dynamic expression of the Noble One's boundless, empathetic joy and compassion, which extend equally to all beings; it is the syllable of enlightened speech. From among the six transcendent virtues, it has the nature of the *transcendent virtue of giving*. It purifies greed as well as stinginess, which derives from greed—both of which are causes of suffering. Likewise, it purifies the general resultant suffering that is produced by these disturbing emotions; it also purifies the particular sufferings of hunger and thirst experienced by pretas. The syllable ME is inseparable from the enlightened body and activity of Jvālāmukha, the sage associated with the preta realm. It is the formal manifestation of the *intrinsic radiance of discerning wisdom*—one of the five aspects of wisdom. It brings beings of the six states to the western pure realm of Sukhāvatī, the Blissful, and ensures the attainment of the enlightened body of Buddha Amitābha.

The sixth syllable, HŪṂ, is black. This syllable manifests through the inherent energy of the noble Avalokita's boundless compassion—compassion that regards all beings with the same caring affection that a mother feels for her only child. HŪṂ represents the enlightened mind. From among the six transcendent virtues, it has the nature of the *transcendent perfection of knowledge,* by which the ultimate nature of things is realized. It purifies the causal state of dualistic fixation on self and other as well as the anger that beings experience based on that misapprehension. It also purifies the general resultant suffering that is produced by these afflictions; in particular, it purifies the agonies of extreme heat and cold that beings experience in the hell realms. The syllable HŪM is inseparable from the enlightened body and activity of Dharmarāja, the sage associated with the hell realms. It is the formal manifestation of the *intrinsic radiance of mirror-like wisdom.* It leads beings of the six states to the eastern pure realm of Abhirati, the realm of Manifest Joy, and brings about attainment of the enlightened body of Buddha Akṣobhya.

Thus the six-syllable mantra completely encompasses the power of Avalokita's boundless enlightened activity—the activity of dredging the depths of samsara in order to extricate beings of the six types from their respective states of suffering. This six-syllable mantra—the supreme king among secret mantras—is to be repeated as many times as possible as the main part of your practice session. There is good reason for devoting such focused attention to repetition of the six-syllable mantra. In the Himalayan region, the great siddha Karma Pakshi (1206–1283) engaged in vast and inconceivable enlightened activity for the benefit of beings in the degenerate era—activity that, for the most part, was based on this six-syllable mantra. Devoted Tibetan practitioners of the six syllables would commonly accumulate vast numbers of repetitions: three hundred million, five hundred million, seven hundred million, or more. Consequently, all manner of special qualities and extraordinary signs would arise in the lives of such individuals, as evidenced in innumerable accounts. For these reasons, the six-syllable mantra became, by and large, the most widely known form of practice throughout the greater Tibetan and Himalayan region. Its relevance, however, is not limited to that part of the world: in degenerate times of conflict and upheaval, when beings throughout the world suffer from exceptionally turbulent emotions, if the six-syllable mantra is taken as one's main practice, it will yield tremendous power to alleviate adverse conditions, being a special method imbued with all the extraordinary qualities and profound significance described above.

Returning to the context of your practice session, once you have recited the mantra a sufficient number of times or your time has run out, you then continue with the ensuing dissolution stage. Thus far, you have sustained the clear visualization of the body of Guru Avalokita as being actually present above your head, while the light rays from his body have revealed all that appears and exists to be the forms of Avalokita and his pure realm. Now, at the dissolution stage, the entire environment of that pure realm melts into light and dissolves into guru Avalokita above your crown. He in turn melts into light and dissolves into you. Finally, you dissolve into light and then rest in empty lucidity. The experience of empty lucidity at this point is such that you remain free of the *threefold frame of reference*, which means that you do not conceive of anything in terms of past, present, or future. In fact, you completely let go of any apprehension of yourself as distinct from other, or visualizing the form of the deity, or repeating the mantra. Simply let go of any conceptual constructs such as notions of existence versus nonexistence, being versus not-being, or empty versus nonempty. Remain free of any and all such conceptual reference points. In this state, appearance, sound, and awareness are experienced as being inseparable from their emptiness. It is a state of freedom from any distinction between observed object and observing mind. This great, all-encompassing, eternally changeless state—the basic space of phenomena, or dharmadhātu—is the awakened heart of the Noble One himself. Rest evenly in meditative absorption for as long as possible within this state. This experience of remaining absorbed in the true nature of the mind, or the suchness of the mind, constitutes the final *completion phase*. It is the experience of the immutable, intrinsic nature of the mind as it is— ultimate reality beyond all conceptual constructs or elaborations. While we speak in terms of "resting evenly," or "evenly placing the mind," understand that no substantial entities are involved: it is not as though you are placing something to rest somewhere; rather, what the use of such words and concepts entails is the direct experience of that which they refer to—the nondual natural state.

# 4. Bringing the Practice into Your Experience

The fourth part in the overall structure of the commentary describes the subsequent phase of bringing the practice into your experience. At this point, you emerge from the preceding state of meditative absorption and continue in the following manner. All substantial entities that appear as self and other—what would otherwise be ordinary phenomena consisting of the five basic elements, including the features of the natural environment such as the ground, stones, and mountains—are regarded as being the enlightened body of the noble Great Compassionate One. The way in which you foster this perception, however, differs from how it was cultivated earlier. You began the practice with the creation phase, in which you developed a clear visualization of the form of the deity with all its various details. In contrast, at this point you do not visualize the environment and its inhabitants in the form of the Great Compassionate One. Rather, you simply rest in the confidence of knowing that they are, in reality, the manifestation of the Great Compassionate One, without visualizing anything in particular. Similarly, you regard all sounds—those produced by living, animate beings as well as those that arise from the inanimate elements such as wind, water, and fire—as being the melodic sound of the Noble One's enlightened speech as the six-syllable mantra. Likewise, you regard all thoughts and events that arise in your mind as being the enlightened mind of the Noble One—the native state of dharmakāya as awareness and emptiness beyond all elaboration.

With that perception, you continue to remain in meditative awareness subsequent to your session of practice. Throughout all activities and behaviors, whether you are moving about, lying down, sitting, or speaking, remain free of conceptual fixation based on ordinary perception. As you do so, foster absorption in the threefold awareness in which you experience all appearances as being the deity, all sounds as being his mantra, and all thoughts as being his awakened mind. Thus the practice is to allow your ongoing phenomenal experience to be informed by the threefold awareness of all things as being, in reality, the pure manifestations of enlightened body, speech, and mind. This is succinctly expressed in the next passage that you recite:

The bodies of myself and others appear in the form of
    Chenrezik;
All sound is the melody of his six-syllable mantra;
All remembrance and thought is the great expanse of
    primordial wisdom.

# 5. Dedication of Virtue and Aspiration Prayers

We have gone through the practice of postmeditative awareness, which brings us to the fifth part of the commentary, the conclusion that consists in the dedication of virtue to awakening and aspiration prayers.

> Through virtue of this practice,
>     may I swiftly achieve the level of powerful Chenrezik.
> On this same level may I then place
>     every being, not one left behind.

As represented by your completion of the foregoing deity meditation and mantra repetition, you dedicate whatever sources of virtue that have ever been generated in your continuum of being throughout your beginningless past to the benefit of all sentient beings equally. You make this dedication with the aspiration that the unsurpassable accumulation of merit that comes from doing so will ensure that you attain, as quickly as possible, the consummate state of being essentially equal to noble Avalokiteśvara. You further aspire that by virtue of that achievement you will gain the power that enables you to establish all beings throughout space, without a single exception, in the state equal to that of the noble and sublime Great Compassionate One—the state of perfect and complete awakening.

With all the merit of this meditation and repetition,
  may I and every being to whom I am connected,
As soon as these imperfect bodies are left behind,
  be born miraculously in the pure land of bliss.

As explained above, recite the words with recollection, awareness, and clarity.

At this point, you should freely include any additional pure aspiration prayers as desired, which is the normal way of concluding practices such as this. The specific aspiration prayers can vary depending on what is available to you and what you wish to include. In any case, the more aspirations you make at the end, the better, because such aspirations enhance the benefit of the practice.

Ideally, the practice should be done with thorough contemplation of the full significance of the six-syllable mantra as described in detail above, recalling each syllable's associated function, buddha, pure realm, and so forth. For some individuals, however, it may not be feasible to meditate on every layer of meaning inherent in the practice. Those practitioners can take a somewhat simplified approach to the same practice in the following manner.

You begin with the preparation by taking refuge and engendering bodhicitta as explained above. Then, continuing with the main part, you single-mindedly focus your attention on the visualization in which you supplicate the noble and sublime Avalokita above the crown of your head, thinking that he is actually present, appearing as in the formal description given in the text. Pray to him a number of times with the thought "Guru Avalokita, think of me."

You then continue with the recitation of OM MANI PADME HUM, which is here explained with an alternative interpretation: The first syllable, OM, is the syllable that embodies the five aspects of pristine wisdom, each of which is associated with one of five kāyas. The next two syllables constitute the word MANI, which means "jewel." The following two syllables constitute the word PADME, which means "holding the lotus." Thus MAṆI PADME can be understood as "Jewel Holder of the Lotus," which is an epithet for the noble Avalokita. The last syllable, HŪM, signifies the enlightened activity of protecting beings of the six states from suffering. According to that interpretation, you pray to Avalokita with the thought, "Jewel Holder of the Lotus, embodiment of the five kāyas and five aspects of wisdom, please protect all beings of the six states from suffering," and recite the six-syllable mantra as many times as possible.

Following that, Guru Avalokita, deeply pleased, melts into light and dissolves into you. At that point, think with confidence beyond all doubt "The wisdom of the Noble One has now entered my physical, verbal, and mental being." Finally, conclude with dedication and aspiration prayers.

By doing the practice even at that level of understanding, it is certain that you will gain all the benefits that are described in the final section below. The author, Karmapa Khakhyap Dorje, thus encourages everyone to do this practice with appreciation and enthusiasm. This is significant in light of the fact that although some practitioners may be especially knowledgeable and capable of handling more lengthy and elaborate forms of practice, not all of us can do so. Some of us may be disinclined toward extensive learning, in which case we might feel somewhat inadequate in the face of the challenges of practice, and thus doubt our ability. But according to Khakhyap Dorje, there is no reason to harbor such doubts because even if we take a simpler approach to the practice, such as that described above, we will accumulate the same tremendous merit that others might achieve with a more elaborate approach.

# 6. Benefits of the Practice

We have completed the explanation of all the parts of the practice, beginning with the process of taking refuge and developing bodhicitta, followed by the main elements of the practice, deity meditation and mantra repetition. At this point, we might ask: what is the overall significance of the practice, and what are the benefits of doing it? This question needs to be addressed because, in order to approach the practice with the right perspective, we need to understand not only the principles on which it is based but also the benefits that will be obtained by virtue of our efforts to do it. Based on that knowledge, we can then engage in well-informed practice.

Thus the sixth part of the commentary is a description of the benefits of the practice. It states that the benefits of this practice—the deity meditation and mantra repetition of the noble Avalokita—are, in fact, immeasurable: they are so tremendous that no words can serve to fully convey their scope. Nevertheless for the sake of providing some idea of what those benefits are, the following description is given.

First, the benefits of visualizing and recalling the form of the deity are indicated. The deity can be visualized in various ways. For instance, he can appear above the crown of your head, or you yourself can appear as the deity. However conceived, the significance of bringing to mind the form of the deity is stated in the root tantra *Padmajala,* or *Lotus Net*: "The gathering of all buddhas in a single visualized mandala of the enlightened body is the form of the protector Avalokita." The mandala referred to is the manifestation of Avalokita's form as generated in the process of visualization, that form being the embodiment of all awakened beings. "To meditate on or recall that form, moreover, effects the purification of all negativity including the five actions of immediate consequence." Even the worst karma will be eliminated when a person merely brings to mind the appearance of the noble Great Compassionate One.

As to the benefits of repeating the six syllables—the king among secret mantras—we should understand that there is no distinction in terms of gender: whether one is male or female, the potential benefits of this mantra are exactly the same. The flawless words of our teacher, Śākyamuni —the victorious and completely perfect Buddha—were bequeathed as a great legacy for the people of Tibet by the mahāguru, Padmākara. He preserved this gift of the Buddha's words by way of concealing it in the form of treasure. Of the many such hidden treasure doctrines, some were destined to later be discovered by the vidyādhāra Jatsön Nyingpo, an emanated treasure revealer of indisputable legitimacy. The following description comes from those treasures that were revealed by him.

"The six-syllable mantra OM MANI PADME HŪM is the complete embodiment of the enlightened awareness of all buddhas." Thus the ultimate realization of all awakened beings is represented by this mantra. "It is the essence that subsumes all 84,000 aggregates of dharma. It is the heart of the five families of awakened beings and of all masters of secrets. In fact, each of its six syllables constitutes a pith instruction that stands alone as a condensation of the aforementioned 84,000 collections of dharma. It is the source from which arise all sugatas and all qualities of perfection. It is the root of all spiritual attainments, including all forms of benefit and happiness"—the happiness of samsara as well as the true peace of nirvana. "It serves as the great path that leads to higher realms and liberation." Thus by means of the six syllables sentient beings can achieve the well-being of humans and devas; beyond that, as *śrāvakas*, *pratyekabuddhas*, or *bodhisattvas* they can achieve liberation from samsara.

"Someone who merely hears this six-syllable mantra one time—this mantra that is the essence of all Dharma and sublime enlightened speech—will attain the level of irreversibility." In other words, never simply regressing into cyclic existence, they will be assured of always progressing toward buddhahood. "They will thus become a great guide who delivers beings from the ocean of existence. If an insect or animal on the verge of dying hears the sound of this six-syllable mantra, they will thereby be released from that lowly body and achieve rebirth in Sukhāvatī, the Blissful Realm. Someone who merely thinks of this six-syllable mantra, even without saying it aloud, will, in a way similar to how the sun shines brilliantly on the surface of snow, be purified of all negativity and obscurations—bad karma that has been accumulated throughout past lives without beginning. Having been purified, they will be reborn in the Blissful Realm. To come into contact with this mantra in whatever way ensures the receipt of empowerment by innumerable buddhas and bodhisattvas of the five families of awakened beings. To meditate on this mantra even once serves as learning, reflection, and meditation. In brief, by virtue of the six syllables, all phenomenal experience will manifest as dharmakāya and the great treasury of enlightened activity for the welfare of beings will be revealed."

Elsewhere, we find the following: "Noble sons and noble daughters, you could, for instance, quantify Mount Meru, the king among mountains, by taking its measurement with a scale but you could not quantify the merit that comes from reciting the six-syllable mantra one time. You could take the lightest Benares muslin to the surface of a mountain of solid rock and wiping it once every hundred years you could wear away the rock entirely, but you could not quantify the merit that comes from reciting the six-syllable mantra one time. Likewise, you could drain the vast ocean drop by drop, but you could not exhaust the merit that comes from reciting the six-syllable mantra one time. You could count each of the tiniest of particles in the snowy region of Tibet or each of the leaves in a great forest, but you could not measure the amount of merit that comes from reciting the six-syllable mantra one time. Likewise, if a building a hundred leagues in size were completely filled with tiny sesame seeds and you were to remove one seed a day, even then you could eventually empty that building entirely, but you could not measure the amount of merit that comes from reciting the six-syllable mantra one time. Likewise, you could count each drop of rain that falls in the course of twelve months, but you could not measure the amount of merit that comes from reciting the six-syllable mantra one time.

"It is like this, noble children: Although it is not necessary to go on and on describing this at great length, you could measure the amount of merit that comes from serving and honoring ten million tathāgatas—perfect, completely awakened buddhas like me—but you could not measure the amount of merit that comes from reciting the six-syllable mantra one time. The avenues to birth in the six states, too, are cut off by reciting the six-syllable mantra, OM MAṆI PADME HŪṂ. The paths and levels of the six transcendent virtues, too, are covered by reciting the six-syllable mantra, OM MAṆI PADME HŪṂ. Whatever defilements of karma, mental afflictions, traces, and dispositions have been accumulated in the individual's being, these, too, are purified by reciting the six-syllable mantra. The pure realms of the dharmakāya, sambhogakāya, and nirmāṇakāya, too, are developed by the individual who recites this mantra; they become capable of guiding others to those realms, and they obtain merit and qualities in abundance.

"Noble children, listen! By virtue of the blessings of all victorious buddhas, this quintessential heart mantra"—the six-syllable mantra that is their enlightened speech—"is the source of all benefit and happiness in the world without exception." The sublime six-syllable mantra "is the root of all spiritual attainments without exception," both ultimate and common. The sublime six-syllable mantra "is the stairway that leads to the higher realms of devas and humans. The sublime six-syllable mantra is the gatekeeper that obstructs the way to the lower realms" of the hells, pretas, and animals. The sublime six-syllable mantra "serves as the ship that delivers beings from the beginningless ocean of suffering" in the three realms of samsara. Because of the beginningless obscuration of fundamental unawareness, ordinary beings have not realized the wisdom of buddhahood that knows the nature of all things as well as their diversity. Like the light of a torch illuminating a dark place, the sublime six-syllable mantra dispels beings' obscurations, revealing their innate sugatagarbha as dharmakāya, or awareness-emptiness as mahāmudrā. Beings are overwhelmed by the five poisonous mental states—the disturbing emotions of greed, anger, delusion, pride, and jealousy. The sublime six-syllable mantra is the great hero that, unsullied by such mental afflictions, is capable of defeating them in the very instant of their arising. The sublime six-syllable mantra "is the great conflagration that easily burns away the negativity" that leads to birth in bad states and the obscurations that prevent liberation and omniscience. The sublime six-syllable mantra "is like a hammer that crushes all suffering," without exception. Frontier beings are those who live in degenerate times, have the worst afflictions, and are the most difficult to tame and lead to buddhahood. The sublime six-syllable mantra "is the best remedy for taming such beings. It is the spiritual inheritance of the snowy land of Tibet. The sublime six-syllable mantra is the pith that unifies the essence of all the many sutras, tantras, and śāstras as well as learning, reflection, and meditation as a whole."

Therefore the sublime six-syllable mantra "is like a precious king, standing alone as a single all-sufficient method": with it, beings can achieve liberation from samsara and the omniscient state of perfect buddhahood.

Knowing that hearing, understanding, and contemplating its meaning will bring freedom from the affliction and suffering of existence and ultimately realization of perfect awakening itself, those who are intelligent and wise should always recite the six-syllable mantra.

As suggested by the foregoing, the power and benefits of the six-syllable mantra have been spoken of extensively in the words of the Buddha and in the treasure teachings of the great treasure revealers. So numerous are the occurrences of this mantra in the literature that they cannot all be enumerated.

If you recite the sublime six-syllable mantra even once with genuine faith, you are certain to experience all the benefits described above. So do not squander the three avenues of your being—your body, speech, and mind—by leaving them in a state of mediocrity. Embrace this means of developing tremendous virtue that is easy and free of hardship, yet extraordinarily meaningful. Make a commitment to always practice the six-syllable mantra; recite it as much as possible every day without fail. For instance, you could recite the mantra ten thousand times a day, or a hundred times a day. Do this in order to ensure that your human life will be truly meaningful.

In our past history of existences, we have not taken so many births as human beings. Because we have not encountered such Dharma as this and thus have not had the opportunity to practice it, we have suffered. Apart from the occasional birth in higher realms, we have been compelled to go from one unfortunate state to another, again and again. This time, because of our merit and fortunate karma, not only have we been born as human beings, we also have the ideal opportunity to engage in the practice of the noble Great Compassionate One and his enlightened speech in the form of the six-syllable mantra. Moreover, as our sublime guide, Avalokita directly appears to us according to our individual karmic dispositions, manifesting in diverse ways throughout the world. However he might appear to us, the fact that we now have this most fortunate opportunity to receive the profound teachings of the dharmacakra and to recite the sublime six-syllable mantra is due, not only to the enlightened activity of the Buddha, but also the power of our own previous accumulation of merit as individuals. For these reasons, Karmapa Khakhyap Dorje exhorts us to wholeheartedly practice this unsurpassable means of achieving certain awakening.

The commentary concludes with the author's colophon:

> Noble One, with the lifeline of your compassion,
>   please rescue beings from the ocean of existence;
> Grant us the assurance of Mount Potala—
>   the land of total freedom, ultimate bliss, and liberation.

In this prayer to the noble Great Compassionate One, the lifeline of compassion takes the form of the six-syllable mantra garland, OM MANI PADME HŪM. He extends this saving grace to sentient beings throughout the three realms of existence who are drowning in a vast ocean of suffering. If those beings should come into contact with that lifeline, they can take hold of it and be rescued. To be rescued is to be brought to the pure realm of Mount Potala—the realm of complete liberation, freedom from suffering, hardship, and fear, and the experience of lasting bliss and well-being. The author concludes by supplicating the protector Avalokita: "Grant us the assurance of knowing that you will rescue us from the suffering of existence and deliver us to the safety and bliss of your pure realm, Mount Potala."

This completes the presentation of our commentary on *For the Benefit of All Beings as Vast as the Skies*.

# Questions and Answers

QUESTION: When the light rays are purifying the different realms, it feels very close and effective if I connect with the specific kleśa for each realm, mainly in the forms of humans and animals. But if I try to imagine the forms of hell beings or devas, it becomes somewhat more abstract. Should I still try to imagine the different forms, or mainly focus on the kleśas themselves?

RINPOCHE: Even if you were to try to conceive of the specific physical forms of all the beings in each of the six realms, you would not be able to do so. You would not know how each being physically appears, so that approach may not be useful. What may be more useful is to know that each of the six realms manifests as a result of one of the six main kleśas, or mental afflictions, predominating. Therefore the physical embodiment of each type of being as well as the kind of suffering they experience and the appearances of their respective environments are a reflection of their own karmic perception. As suggested in the prayer that describes each of the six realms, when you recite the six-syllable mantra you can think that the power of the mantra and visualization purifies the primary kleśa of the beings in each of the six states and thereby frees them from suffering. As to how those beings are to be visualized during the mantra repetition, the easiest method is to do as indicated in the instructions on the practice: imagine all beings, regardless of their respective ordinary forms, as appearing in the same form—that of Avalokita.

QUESTION: Rinpoche, could you please tell us when in the practice we should join our hands in the mudrā of prayer?

RINPOCHE: In this practice you join your palms in the gesture of prayer, also known as the añjali mudrā, at several points. First, you join your palms while taking refuge and engendering bodhicitta, later, during the Seven Branches, and then again, while praying to Avalokita.

QUESTION: In some thangkas, you can see that Avalokita is in a snowy place, surrounded by snowy mountains. Should we try to visualize like this? Or should we just visualize him in an infinite expanse?

RINPOCHE: In general, it is good to visualize the sun, the moon, the clouds, and other background elements as depicted in the traditional thangkas, or paintings. But you certainly do not have to visualize all those details. In bringing to mind the appearance of the deity, the most important quality is that it should be as magnificent as possible. You visualize that he appears in the most exquisite form you can imagine.

QUESTION: How can we use this practice to become more compassionate in our daily life? How can we convert it into active compassion?

RINPOCHE: In order to develop our compassion to its fullest potential, we need the practice of Avalokita. Generally speaking, it is good for us to cultivate compassion, and ordinarily we can do so to some degree. But unless we also meditate on Avalokita and recite OM MANI PADME HŪM, our compassion will be lacking in its power. The practice of visualizing Avalokita and repeating the six-syllable mantra is a means to develop the quality and strength of our compassion for other beings. As our compassion develops, so too will our capacity to help others in achieving both temporary and ultimate benefit and well-being. By compassionately reciting OM MANI PADME HŪM with the sincere aspiration, "May all beings be free from suffering and hardship; may they be happy," we are promoting their ultimate well-being. Of the various methods that we could use, this is the most effective means to that end.

QUESTION: Is the power of reciting the mantra the same whether done in the context of the sādhana or done outside that context?

RINPOCHE: If you do the full form of the sādhana practice, including deity visualization as well as mantra recitation, I think the merit of both elements probably combine to produce that much more merit. But this is not to say that the power of the mantra is somehow less if you simply recite it as you go about your daily activities. In fact, just reciting the mantra in the informal context of your ongoing everyday experience is inconceivable in its potential benefit.

QUESTION: As a follower of the Geluk lineage, is it fine to do this practice while still having a connection to the Geluk lineage?

RINPOCHE: Of course, it is fine for you to do this practice. We need to understand that Chenrezik is not unique to any particular school of Tibetan Buddhism. It is not the case that his practice belongs only to the Sakya, or Geluk, Kagyu, or Nyingma. He is the special deity of the snowy land of Tibet as a whole, without distinction. This was reflected in the fact that countless emanations of Avalokita or Chenrezik have appeared in Tibet as kings, translators, scholars, and others.

Moreover, I should point out that in the Miktsema—a prayer to Lord Tsongkhapa (1357-1419), founder of the Geluk school—Lord Tsongkhapa himself is described as being "the great treasury of nonreferential compassion, Avalokita" as well as "the master of stainless knowledge, Mañjuśrī" and "the Lord of Secrets, who conquers all the forces of Māra." Thus he is considered to be the manifestation of not only the enlightened body as Avalokita but also enlightened speech as Mañjuśrī and enlightened awareness as Vajrapāṇi.

QUESTION: Since I do not know Tibetan, I try to memorize the chant, and I read the words in Spanish. Right now I am trying to place my devotion in the words; I am not doing the visualization much. Is that all right to do in the beginning?

RINPOCHE: Of course, that is perfectly fine. In fact, that is an excellent approach. Since you are beginning by focusing on developing your understanding of what the words mean, that will better enable you to concentrate more fully on the visualization later. The course of your practice will be that much better because it is grounded in your clear understanding of the meaning.

QUESTION: When we are making the request to Chenrezik, we make the request to him as the lama and as the yidam. What does it mean for Chenrezik to be a yidam, and what is a yidam?

RINPOCHE: As you stated, in the words of the prayer in the text, Chenrezik is the lama and the yidam. Ordinarily our understanding of what the word *yidam* means might primarily consist in the notion of an image that is separate from ourselves—an image as depicted in the iconography of deities, with various colors, a peaceful or wrathful demeanor, and other specific attributes. The true significance of the word yidam, however, lies in the bond that is formed between your mind and the deity. The yidam is the deity to whom your mind is inextricably linked until you achieve the consummate state of buddhahood, the deity you meditate on with single-minded confidence, the deity to whom you absolutely entrust yourself under all circumstances, including the experience of suffering, hardship, and sickness. That deity represents the actual meaning of the word yidam. Most of us tend to conceive of a yidam deity as being an image that appears with certain colors and attributes, and especially one separate from ourselves. That is actually a misconception. The security of the bond between your mind and the deity is such that, until you awaken to buddhahood, you personally rely on that deity throughout your experience, especially when facing suffering and hardship. Your practice is based on that unchanging bond of commitment to the deity. That is the true significance of the yidam.

# Glossary

Sanskrit terms that have now entered the English language are listed with the standard spelling as they appear in English dictionaries, with their Sanskrit spelling (including diacritics) indicated in parenthesis.

ABHIRATI (Skt., Tib. *mngon-par dga'-ba*)  The eastern buddha field of Abhirati ("Manifest Joy") is the pure realm over which Buddha Akṣobhya presides.

AKANIṢṬHA DHARMADHĀTU (Skt., Tib. *'og-min chos-kyi-dbyings*)  The buddha field of Akaniṣtha Dharmadhātu ("Ultimate Expanse of Phenomena") is the pure realm over which Buddha Vajradhara presides.

AKANIṢṬHA SUKHĀVATĪ (Skt., Tib. *'og-min bde-ba-can*)  Akaniṣtha Sukhāvatī ("Highest Bliss") is a synonym for the western pure realm more commonly referred to simply as Sukhāvatī.

AKṢOBHYA (Skt., Tib. *mi-bskyod-pa/ mi-'khrugs-pa*)  Akṣobhya ("Unshakable") is the buddha who presides over the eastern pure realm of Abhirati. He is commonly depicted as being blue and seated in cross-legged posture, sometimes with a vajra as the attribute symbolizing the Vajra family of awakened beings.

AMITĀBHA (Skt., Tib. *snang-ba mtha'-yas/ 'od-dpag-med*)  Amitābha ("Boundless Light") is the buddha who presides over the western pure realm of Sukhāvatī. He is commonly depicted as being red and seated in cross-legged posture, sometimes with a lotus as the attribute symboliz-ing the Padma ("Lotus") family of awakened beings.

AMOGHASIDDHI (Skt., Tib. *don-yod grub-pa*) Amoghasiddhi ("Fulfillment") is the buddha who presides over the northern pure realm of Karmaprasiddhi. He is commonly depicted as being green and seat-ed in cross-legged posture, sometimes with a crossed-vajra as the attrib-ute symbolizing the Karma ("Action") family of awakened beings.

AÑJALI MUDRĀ (Skt., Tib. *thal-sbyar phyag-rgya*) Ritual hand gesture in which the palms are joined in front of one's heart.

ARHAT (Skt., Tib. *dgra-bcom-pa*) An arhat ("one who has prevailed over the enemy") is an individual who has realized the permanent cessation of the causes of suffering and rebirth and thus achieved release from samsara. The attainment of individual nirvana and the attendant arhat status is the aim of both the śrāvaka and the pratyekabuddha paths; such attainment, however, is still not the realization of perfect buddhahood, which can only be achieved as the consummation of further spiritual development on the bodhisattva path.

ARHATSHIP The status of being an arhat.

ASPIRATION BODHICITTA (Tib. *smon-pa sems-bskyed*) The mere inten-tion to achieve perfect buddhahood for the benefit of all sentient beings, as distinct from the ensuing process of taking action to realize that moti-vation in practice. See bodhicitta.

ASURA (Skt., Tib. *lha-ma-yin*) Of six general types of sentient beings, the asuras ("antigods") represent one of the three higher states in sam-sara, intermediate in status between devas and humans. Their existence is characterized by constant fighting and conflict, motivated by intense resentment of the devas' superior prosperity. In terms of mental afflic-tions, rebirth as an asura may be caused by a predominance of jealousy in former lives.

BODHICITTA (Skt., Tib. *byang-chub-kyi sems*) Bodhicitta ("awakening mind" or "spirit of enlightenment") is the altruistic intention to achieve perfect buddhahood for the benefit of all sentient beings and the process of developing that motivation through the practice of virtue. As the principal element that defines the spiritual path of a bodhisattva, it entails cultivation of the qualities of love, compassion, and non-dual wisdom, as well as training in the six transcendent virtues (pāramitā): generosity, moral discipline, patience, diligence, meditation, and knowledge.

CANDRAKĪRTI. (Skt., Tib. *zla-ba grags-pa*, flourished in the seventh century) Candrakīrti. ("Illustrious Moon") was an Indian Buddhist scholar especially celebrated in the later Tibetan tradition. A prolific author, his works include a devotional praise to Avalokiteśvara as well as numerous philosophical commentaries. In particular, he is regarded as one of the principal exponents of the Prāsaṅgika ("Consequence") subschool of Madhyamaka ("Middle Way") thought.

DEVA (Skt., *Tib. lha*) Of six general types of sentient beings, the devas ("gods") represent the highest of three favorable states in samsara. Their existence is characterized by abundant prosperity and an extremely long lifespan. In terms of mental afflictions, rebirth as a deva may be caused by a predominance of pride in former lives.

DHARMACAKRA (Skt., Tib. *chos-kyi 'khor-lo*) The turning of the dharma-cakra ("wheel of Dharma") is a metaphor that refers to the Buddha's presentation of any of three major cycles of teachings; by extension, it can also refer to any instance of such dharma being presented formally by a Buddhist teacher.

DHARMADHĀTU (Skt., Tib. *chos-dbyings*) Dharmadhātu ("dharma expanse") is the basic space from which all phenomena manifest; it is synonymous with emptiness as pervasive, ultimate reality. In the pure view of an awakened being, this expanse is fully realized as timeless awareness or wisdom (jñāna); from the same perspective, it is also called "dharmakāya."

DHARMAKĀYA (Skt., Tib. *chos-sku*) Dharmakāya ("enlightened body of reality") is one of three (or more) kāyas that represent various aspects of the fruition state of buddhahood. It is a formless kāya, described as the essential emptiness of the mind in its unborn, luminous, primordial purity. Realization of it results in the manifestation of the enlightened qualities and wisdom inherent to it and thus constitutes the consummate form of benefit for oneself.

DHARMARĀJA (Skt., Tib. *chos-kyi rgyal-po*)  The nirmāṇakāya sage (muni) whose enlightened activity is associated with the hell realms.

GELUK (Tib. *dge-lugs*)  Of the four main schools of Tibetan Buddhism, the Geluk ("Way of Virtue") school was the last to emerge. Founded by TSONGKAPA LOSANG DRAKPA (1357–1419) it evolved out of the earlier Kadam tradition of Lord Atiśa (d. 1054). Historically, it was this school that became principally associated with the institution of the Dalai Lamas. The Geluk approach is based on the principle of the Gradual Path, or Lamrim (*lam-rim*), emphasizing progressive, rigorous training in monastic discipline, philosophical study, and dialectical debate.

GHANAVYŪHA (Skt., Tib. *stug-po bkod-pa*)  The central buddha field of Ghanavyūha ("Densely Arrayed") is the pure realm over which Buddha Vairocana presides.

IMPLEMENTATION BODHICITTA (Tib. *'jug-pa sems-bskyed*)  The process of actively training in virtue in order to realize the altruistic intention to achieve perfect buddhahood for the benefit of all sentient beings, as distinct from that basic motivation alone. See bodhicitta.

INDRAŚAKRA (Skt., Tib. *dbang-po brgya-byin*)  The nirmāṇakāya sage (muni) whose enlightened activity is associated with the deva realms.

JAMBU RIVER  A legendary river that takes its name from the sound of fruit falling from the Jambu tree into its waters. The fabled Jambu River gold is said to come from the nāgas (serpentine water spirits) who consume the fruit.

JATSÖN NYINGPO (Tib. *'ja'-tshon snying-po*, 1585–1656)  An important treasure-revealer, or tertön (*gter-ston*), of the Nyingma tradition, Jatsön Nyingpo ("Rainbow Essence") discovered a number of concealed treasure teachings, the best known of which is the Embodiment of the Sublime Jewels (*dkon-mchog spyi-'dus*) cycle.

JVĀLĀMUKHA (Skt., Tib. *kha-'bar-ma*)  The nirmāṇakāya sage (muni) whose enlightened activity is associated with the preta realm.

KAGYU (Tib. *bka'-brgyud*)  The Kagyu ("Lineage of Oral Instruction") school is one of the four main schools of Tibetan Buddhism. It originated with such Indian masters as Tilopa (988–1069) and Maitripa (flourished in the eleventh century). From Gampopa (1079–1153), a subsequent Tibetan master of the lineage, descended numerous subschools, including the Drigung, Drukpa, and Karma Kagyu. The Kagyu tradition emphasizes practice; its main features include the system of Mahāmudrā ("Great Seal") and advanced yogic practices such as the Six Dharmas of Nāropa (*nāro chos-drug*).

KALU RINPOCHE (Tib. *kar-lu rin-po-che*, 1905–1989)  Kalu Rinpoche, also known as Karma Rangjung Künkyap (*karma rang-byung kun-khyab*), was one of the first eminent Tibetan masters to travel and teach extensively throughout the world subsequent to the communist Chinese takeover of Tibet in the late 1950s. He established numerous centers internationally, including the first center in the West dedicated to the traditional three-year retreat program of his lineages, the Karma Kagyu and Shangpa Kagyu.

KARMA PAKSHI (Skt. *karma*, and Mongolian *pakshi*, 1206–1283)  Karma Pakshi was the 2nd Gyalwang Karmapa, head of the Karma Kagyu school. He was a highly realized master renowned for his miraculous powers as well as for his role in providing spiritual guidance to the Mongol emperor Möngke Khan (1209–1259). Among his numerous accomplishments, he is known for popularizing the practice of Avalokitésvara's six-syllable mantra OM MANI PADME HŪM in Tibet.

KARMAPRASIDDHI (Skt., Tib. *las-rab rdzogs-pa*)  The northern buddha field of Karmaprasiddhi ("Fulfillment of Activity") is the pure realm over which Buddha Amoghasiddhi presides.

KĀYA (Skt., Tib. *sku*)  Kāya ("enlightened body") refers to any of various aspects of the manifestation of buddhahood, including physical embodiment. A common enumeration of kāyas is the trikāya ("three bodies"): dharmakāya, sambhogakāya, and nirmāṇakāya. See the three individual entries.

KHAKHYAP DORJE (Tib. *mkha'-khyab rdo-rje*, 1871–1922)  Khakhyap Dorje was the 15th Gyalwang Karmapa, head of the Karma Kagyu school. Like many of his eminent contemporaries, he was known for earnestly seeking out teachings and transmissions from masters of all lineages. He was the author of many works, including the short practical commentary on which the present book is based, *Continuous Rain of Benefit for Beings: Brief Notes on All-Pervasive Benefit for Beings, the Meditation and Mantra Repetition of the Noble and Sublime Avalokita* (*'phags-mchog spyan-ras-gzigs-kyi bsgom-bzlas 'gro-don mkha'-khyab-ma'i zin-bris nyung-bsdus 'gro-don char-rgyun*).

KLEŚA (Skt., Tib. *nyon-mongs*) Along with karma, kleśa ("mental afflictions") constitute the cause of suffering and rebirth in samsara. Various enumerations of afflictions are given in the teachings; one sixfold listing comprises desire, anger, delusion, pride, jealousy, and stinginess. Each of the aforementioned afflictions is connected with rebirth in one of six states of existence in samsara. All systems of Buddhist practice are concerned with eliminating or transcending such disturbing emotions by means of various methods.

KRṢṆASĀRA (Skt.) An ungulate species native to the Indian subcontinent (probably the blackbuck or Indian antelope). The kṛṣṇasāra is traditionally considered to have a gentle, sympathetic disposition; hence, in Buddhist iconography this animal, or its pelt, symbolizes the quality of compassion.

LAKṢMĪ (Skt., Tib. *dpal-mo*, flourished in the tenth to eleventh centuries) An accomplished master, Lakṣmī is best known as the originator of the practice of nyungnay (smyung-gnas), the purificatory fast and sādhana of Avalokiteśvara. Believed to have been the daughter of Indrabhūti, King of Oḍḍiyāna, she renounced her life as a princess and became a bhikṣuṇī, or nun. Enduring extreme hardship and suffering due to leprosy, she ultimately cured herself of her disease by virtue of her perseverance in the practice of Avalokiteśvara.

MAHĀGURU (Skt.) An honorific that refers to a spiritual master of eminent distinction.

MAHĀMUDRĀ (Skt., Tib. *phyag-rgya chen-po*) A term that refers to the true nature of the mind, mahāmudrā means "great seal," indicating the ultimate reality that encompasses all phenomenal manifestation and experience. As a complete system of practice presented in terms of ground, path, and fruition (or view, meditation, and action), it is the distinctive approach of the Kagyu school; it is also part of the Geluk tradition.

MAÑJUŚRĪ (Skt., Tib. *'jam-dpal*) As a tantric meditational deity, Mañjuśrī ("Glorious Gentle One") is considered to be the embodiment of the enlightened knowledge and wisdom of all buddhas. He is most commonly depicted with a peaceful demeanor, seated in a cross-legged posture holding a sword and a book.

MĀRA (Skt., Tib. *bdud*) In accounts of Buddha Śākyamuni's life, Māra is the personification of an antagonistic force who repeatedly attempts to thwart his awakening and enlightened activity. Understood in a more generalized sense, māras essentially represent anything that constitute a hindrance or obstacle to the attainment of liberation and buddhahood. The fourfold enumeration of māras comprises: 1) the mind-body aggregates, 2) mental afflictions, 3) the "divine child" (referring to the mundane tendency to seek leisure and gratification) and, 4) ordinary death.

MOUNT MERU (Tib. *ri-rab*) Mount Meru is the central axis of the world in traditional Indian cosmology. Buddhist literature describes its colossal geometric form as being tiered and tapered, its flat top and base wider than its center. It is surrounded by a vast array that includes four major land masses (the southern one of which, Jambudvīpa, is the realm we inhabit), lesser land masses, and an alternating series of concentric ring-shaped oceans and mountain ranges.

NIRMĀṆAKĀYA (Skt., Tib. *sprul-sku*) Nirmāṇakāya ("enlightened body of emanation") is one of three (or more) kāyas that represent various aspects of the fruition state of buddhahood. It can refer to buddhas who appear in human form (such as Śākyamuni), crafted supports or images of buddhas, or other manifestations of enlightened activity, including nonhuman and inanimate entities. As one of the formal kāyas, perceptible to ordinary sentient beings, it constitutes a means of ensuring consummate benefit for others through enlightened activity.

NIRVANA (Skt. *nirvāṇa*, Tib. *mya-ngan-las 'das-pa*) Nirvana ("state beyond suffering") is the state of peace gained by virtue of realizing the permanent cessation of the causes of suffering and rebirth; thus, it is liberation from samsara—the goal common to all Buddhist paths in general. In more specific terms, achievement of individual nirvana is the aim of both the śrāvaka and the pratyekabuddha paths. With the culmination of the bodhisattva path, a perfect buddha experiences "nonabiding nirvana"—the ultimate state of liberation that is limited neither to saṃsāra nor to the isolated, personal nirvana of śrāvaka and pratye-kabuddha arhats.

NYINGMA (Tib. *rnying-ma*) The Nyingma ("Ancient") school is the oldest of the four main schools of Tibetan Buddhism. Its origins are traced back to the great Indian masters Padmasambhava, Vimalamitra, Śāntarakṣita, and others who brought Buddhism in its tantric form to Tibet during the eighth century. The Nyingma tradition tends to emphasize tantra and esoteric teachings, including those associated with treasure-revealers, or tertöns (*gter-ston*), as well as Mahāsandhi, or Dzokchen ("Great Perfection")—the highest of its nine progressive levels.

PADMĀKARA (Skt., Tib. *padma 'byung-gnas*) Also known as Padmasambhava ("Lotus-born") and, to Tibetans, as Guru Rinpoche ("Precious Guru"), Padmākara is the great Indian tantric master from Oḍḍiyāna who was one of the principal figures in the early dissemination of Buddhism in Tibet during the eighth century. Renowned for his miraculous powers, he is especially revered by followers of the Nyingma school as being a second Buddha. He is famous for concealing numerous teachings as secret treasures to be discovered in the future by karmically destined treasure-revealers, or tertöns (*gter-ston*).

PEMA KARPO (Tib. *padma dkar-po*) A bhikṣu, or monk, who was an earlier incarnation of Thangtong Gyalpo (flourished fourteenth–fifteenth century), the composer of the Avalokita sādhana *All-Pervasive Benefit for Beings* (*'gro-don mkha'-khyab-ma*). Pema Karpo composed a prayer to Avalokita that is often incorporated into the aforementioned practice.

POTALA (shortened form of Skt. *potalaka*) The southern realm of Mount Potalaka, otherwise known simply as Potala, is the abode of Chenrezik.

PRĀTIMOKṢA (Skt., Tib. *so-sor thar-pa*) The prātimokṣa ("personal liberation") is one of three general levels of vows that define moral discipline in Tibetan Buddhism. Primarily concerned with physical and verbal conduct, it is divided into seven or eight levels of precepts that pertain to specific kinds of individuals, including male, female, lay, and monastic. Prātimokṣa discipline is considered to be the indispensable foundation not only for the attainment of liberation in general but also for any other commitments that may be assumed in the course of the path, including those of bodhicitta and of samaya.

PRATYEKABUDDHA (Skt., Tib. *rang-rgyal/ rang sangs-rgyas*) The pratyekabuddha aspires to the attainment of nirvana and arhatship—the common aim of both the śrāvaka and pratyekabuddha paths. In addition to training in the practices central to the śrāvaka approach, the pratyekabuddha arhat achieves the cessation of the causes of suffering and rebirth especially as the result of contemplating the twelve links of dependent origination and without reliance on a teacher in that lifetime. It is in the sense of the latter that the individual independently awakens; hence, *pratyekabuddha* means "self-buddha."

PRETA (Skt., Tib. *yi-dvags*) Of six general types of sentient beings, the pretas ("anguished spirits") represent one of the three lower states in samsara, intermediate in degree of suffering between animals and hell beings. Their existence is characterized by interminable hunger, thirst, and privation, as well as other sufferings such as extreme heat, cold, fear, and the threat of violence. In terms of mental afflictions, rebirth as a preta may be caused by a predominance of stinginess or greed in former lives.

RANGJUNG RIKPE DORJE (Tib. *rang-byung rig-pa'i rdo-rje*, 1924–1981) Rangjung Rikpe Dorje was the 16th Gyalwang Karmapa, head of the Karma Kagyu school. He played an instrumental role in preserving and transmitting lineage teachings and practices during and subsequent to the communist Chinese takeover of Tibet in the late 1950s. A seminal figure in bringing Tibetan Buddhism to the world outside Tibet, he traveled to Western countries several times in the later years of his life, giving blessings and teachings to thousands of students and founding numerous centers.

RATNASAMBHAVA (Skt., Tib. *rin-chen 'byung-ldan*) Ratnasambhava ("Source of Richness") is the buddha who presides over the southern pure realm of Śrīmat. He is commonly depicted as being yellow and seated in cross-legged posture, sometimes with a jewel as the attribute symbolizing the Ratna ("Jewel") family of awakened beings.

SĀDHANA (Skt., Tib. *sgrub-thabs*)  In the context of tantra, sādhana ("means of accomplishment") refers to any practice derived from tantric scripture that constitutes a complete method for the meditative realization of a given deity. The structure of such practices includes both the creation phase (Skt. *utpattikrama*, Tib. *bskyed rim*) and the completion phase (Stk. *sampannakrama*, Tib. *rdzogs rim*) and generally involves the techniques of visualization and recitation.

SAKYA (Tib. *sa-skya*)  The Sakya ("Pale Earth") school is one of the four main schools of Tibetan Buddhism. Its origins trace back to the Indian master Virūpa and his Tibetan disciple Drokmi Lotsāwa Śākya Yeshe in the eleventh century. Drokmi Lotsāwa's disciple Khön Könchok Gyalpo (1034–1102) is regarded as the founder of the Sakya school; it was further developed by the five great Sakya masters who followed him. A distinctive feature of this tradition is that its leadership is customarily maintained and transmitted through familial lineages. The main system of the Sakya school, Path and Fruit, or Lamdre (*lam-'bras*), is closely connected to the *Hevajra Tantra*.

ŚĀKYAMUNI (Skt., Tib. *śākya thub-pa*)  The nirmāṇakāya sage (*muni*) whose enlightened activity is associated with the human realm.

ŚAMATHA (Skt., Tib. *zhi-gnas*)  Śamatha ("tranquility" or "calm abiding") is a meditative state characterized by stable attention and freedom from distraction. As one of two general types of Buddhist meditation, it is the complement to vipaśyana, or insight. The mental stability gained from the practice of tranquility is the necessary basis for the further development of penetrating insight—the only means by which mental afflictions and their latent potentials can be completely eradicated.

SAMAYA (Skt., Tib. *dam-tshig*)  Of three general levels of vows that define moral discipline in Tibetan Buddhism, samaya ("commitment") refers to the particulars of conduct in tantric practice. While numerous specific commitments are given in detailed presentations, the concept of samaya is also commonly understood in a broader sense to refer to the personal, spiritual bond that is formed between teacher and student, and among students as fellow practitioners.

SAMBHOGAKĀYA (Skt., Tib. *longs-spyod rdzogs-pa'i sku*) Sambhogakāya ("enlightened body of perfect enjoyment") is one of three (or more) kāyas that represent various aspects of the fruition state of buddhahood. It can be identified as the compassionate energy of buddhas manifesting in the form of awakened deities with distinctive attributes and the pure realms in which they abide. Although perceptible only to buddhas and highly realized bodhisattvas, as one of the formal kāyas it constitutes a means of ensuring consummate benefit for others through enlightened activity.

SAMSARA (Skt., Tib. *'khor-ba*) The state of suffering and compulsive rebirth in conditioned existence that all ordinary sentient beings experience. Samsara ("cyclic existence") is perpetuated by the individual's karma and mental afflictions, and it entails suffering as the inevitable result of those causes. Such cyclic existence is described as broadly encompassing three realms, namely, the desire realm (*kāmadhātu*), form realm (*rūpadhātu*), and formless realm (*ārūpyadhātu*). In more specific terms, these are divided into six distinct realms or states experienced by six types of beings: devas, asuras, humans, animals, pretas, and hell beings. Samsara is contrasted against nirvana—a state of peace beyond suffering and compulsive rebirth.

ŚĀSTRA (Skt., Tib. *bstan-bcos*) The treatises of the Tibetan Buddhist canon. Written by scholarly authorities of Buddhist lineages, śāstras in the form of root texts on such topics as abhidharma (phenomenology) and pramāṇa (logic and epistemology) constitute the foundation of monastic curricular studies; commentarial treatises serve to further elucidate the intention of such root texts and that of the Buddha as originally expressed in the sūtras and tantras. Other kinds of treatises may deal with various subjects, such as specific branches of Indo-Tibetan classical knowledge.

SIDDHA (Skt., Tib. *grub-thob*) A spiritually accomplished master, especially one whose attainments are the result of tantric practice.

ŚRĀVAKA (Skt., Tib. *nyan-thos/ thos-sgrog*) The śrāvaka aspires to the attainment of nirvana and arhatship, the common aim of both the śrāvaka and pratyekabuddha paths. The śrāvaka arhat achieves the cessation of the causes of suffering and rebirth as the result of austere training in monastic discipline and contemplation of the Four Noble Truths and related teachings. Historically, such disciples would listen and directly receive teachings from their masters, then advise others accordingly; hence, *śrāvaka* means "listener," or "one who proclaims what has been heard."

ŚRĪMAT (Skt., Tib. *dpal-dang ldan-pa*) The southern buddha-field of Śrīmat ("Glorious") is the pure realm over which Buddha Ratnasambhava presides.

STHIRASIṂHA (Skt., Tib. *senge rab-brtan*) The nirmāṇakāya sage (*muni*) whose enlightened activity is associated with the animal realm.

SUGATA (Skt., Tib. *bde-bar gshegs-pa*) A synonym for buddha, *sugata* ("one who has reached the state of bliss") denotes a completely awakened individual who has perfectly realized the ultimate state of well-being.

SUGATAGARBHA (Skt., Tib. *bde-gshegs snying-po*) Sugatagarbha ("buddha nature") is the innate potential for perfect awakening inherent in every sentient being. It is described as the intrinsically pure, ever-present ground of all experience: in its temporarily obscured state, it constitutes the basis of samsara; once purified of obscuring factors, it is revealed to be nirvana. Thus, it is the necessary causal basis that makes possible the achievement of buddhahood with all of its kāyas, wisdoms, and enlightened qualities, which manifest as the result of removing from it adventitious obscurations and defilements (including karma and mental afflictions) by virtue of the practice of the path.

SUKHĀVATĪ (Skt., Tib. *bde-ba-can*) The western buddha field of Sukhāvatī ("Blissful") is the pure realm over which Buddha Amitābha presides.

SUTRA (Skt. *sūtra*, Tib. *mdo*) One of the main genres in the Tibetan Buddhist canon, sūtras are the discourses that are considered to be the original words of the Buddha, representing the scriptural source of the non-tantric Hīnayāna and Mahāyāna teachings. While individual sūtras vary greatly in length and deal with a broad range of subjects (such as moral discipline, meditation, and knowledge), formal elements common to most sūtras include an opening narrative that establishes the setting of the discourse followed by question-and-answer dialogue between the Buddha and other individuals.

TANTRA (Skt., Tib. *rgyud*)  One of the main genres in the Tibetan Buddhist canon, tantras represent the scriptural source of the Vajrayāna teachings. The word *tantra* ("continuum") also serves as a synonym for the Secret Mantra, or Vajrayāna, approach to practice. Like the sūtras, the tantras are generally considered to be the words of the Buddha, as delivered by way of dialogues involving his various manifestations. In form, the tantras are characterized by some elements that are typical of the sūtras. Their content, however, differs in being concerned with specific maṇḍalas of deities and related practical methods; furthermore, they often involve the use of symbolic code language and deal with esoteric knowledge and principles not addressed in the sūtras.

TATHĀGATA (Skt., Tib. *de-bzhin gshegs-pa*)  A synonym for buddha, tathāgata ("one who has reached the state of suchness") denotes a completely awakened individual who has perfectly realized the suchness of reality.

THANGKA (Tib. *thang-ka*)  Traditional Tibetan scroll painting used as a medium for the depiction of awakened beings, meditational deities, and tantric maṇḍalas. Once such images (or likewise those in other media, such as cast metal statues) have been ritually consecrated, they are considered to be supports for spiritual practice that are invested with the permanent presence of the actual deity.

THANGTONG GYALPO (Tib. *thang-stong rgyal-po*, flourished fourteenth to fifteenth century)  A celebrated siddha of diverse skills and accomplishments, Thangtong Gyalpo ("King of the Empty Plain") is famous for designing and constructing numerous iron-chain suspension bridges throughout the Himalayan region. Regarded as the founder of Tibetan folk opera, he was also the composer of *All-Pervasive Benefit for Beings* (*'gro-don mkha'-khyab-ma*), the widely-practiced Avalokita sādhana on which the present book is based.

TSONGKAPA LOSANG DRAKPA (Tib. *tsong-kha-pa blo-bzang grags-pa*, 1357–1419)  Also known as Je Rinpoche ("Precious Lord"), Tsongkapa was the founder of the Geluk school of Tibetan Buddhism. A highly accomplished master, author, and scholar of prodigious stature, he is known for his uncommon interpretations of Buddhist tenet systems. Based on the earlier Kadam tradition of Lord Atiśa (d. 1054), he systematized the gradual, rigorous approach of the Geluk school in which such elements as monastic discipline, philosophical study, and dialectical debate came to be emphasized.

VAIROCANA (Skt., Tib. *rnam-par snang-mdzad*)  Vairocana ("Illuminator") is the buddha who presides over the central pure realm of Ghanavyūha. He is commonly depicted as being white and seated in cross-legged posture, sometimes with a wheel as the attribute symbolizing the Tathāgata ("Buddha") family of awakened beings.

VAJRA (Skt., Tib. *rdo-rje*)  Traditionally the weapon of Śakra, or Indra, ruler of the devas, the vajra is a symbolic attribute and tantric ritual implement that represents power, constancy, stability, changelessness, and indestructibility, especially as qualities inherent to the ultimate nature of the mind.

VAJRADHARA (Skt., Tib. *rdo-rje 'chang*)  Buddha Vajradhara ("Vajra-holder") represents dharmakāya as the primordially awakened state; he is sometimes identified as the "sixth buddha" in that he embodies the buddhas of the five families of awakened beings. He presides over the pure realm of Akaniṣṭha Dharmadhātu. In his sambhogakāya aspect, he is commonly depicted as being blue, seated in cross-legged posture, and holding a vajra and a bell.

VAJRAPĀṆI (Skt., Tib. *phyag-na rdo-rje*)  As a tantric meditational deity, Vajrapāṇi ("Vajra-holder") is considered to be the embodiment of the enlightened energy and capability of all buddhas. He is most commonly depicted with wrathful attributes, standing and holding a vajra.

VEMACHITRA (Skt. *Vemacitra*, Tib. *thag-bzang-ris*)  The nirmāṇakāya sage (*muni*) whose enlightened activity is associated with the asura realm.

VIDYĀDHARA (Skt., Tib. *rig-'dzin*)  A vidyādhara ("holder of awareness") is an accomplished master of tantric practice.

VIPAŚYANA (Skt., Tib. *lhag-mthong*)  Vipaśyana ("penetrative insight") is a state of meditative awareness in which absolute reality (or the true nature of a given object of contemplation) is directly experienced. As one of two general types of Buddhist meditation, it is the complement to śamatha, or tranquility. Insight is indispensable to the goal of completely eradicating mental afflictions and their latent potentials, as tranquility alone cannot accomplish this; yet such insight can only arise on the basis of the mental stability gained through the cultivation of tranquility.

YIDAM (Tib. *yi-dam*, Skt. *iṣṭadevatā*) Tantric meditational deity, especially one with whom an inseparable bond is formed in the practitioner's mind until the achievement of buddhahood. In order to fully engage in the practice of a given deity, it is considered necessary to first receive from an authentic lineage holder the relevant empowerment, or initiation (*abhiṣeka*); the reading transmission (*āgama*); and practical instruction.

# Acknowledgments

This book is a visible result of countless acts of kindness and compassion. After Khenpo Karthar Rinpoche kindly granted his permission to publish his teachings as a book, Eleanor Mannika transcribed the recordings of Jigme Nyima's interpretation into English. Jigme Nyima then used this as a reference, while re-translating the teachings from Tibetan. Jigme-la also created the glossary. The English text was very lightly edited by Damchö Diana Finnegan, Maureen McNicholas and Harmony Denronden, and then passed along for translation into Spanish by the Dharmadatta Translation Team.

Ivonne Murillo, Nerea Goñi and Tenzin Nangpel (Flora Lara Klahr) led the translation effort, with contributions from Karma Yeshe, Alberto Fournier, Verónica Gordillo, Zuanilda Mendoza, Andrea Oriol, Ana García Sepúlveda and Karla Uriarte.

The book cover was designed by Louise Light, with interior layout by Maureen McNicholas. The image of Noble Chenrezik on the cover appears courtesy of the Dharmadatta Nuns' Community.

Each of the many people who contributed their time and talents to produce it, did so with the sole wish to share the Dharma with anyone whose suffering can be eased through the Chenrezik practice described in this book. May this altruistic aspiration be fulfilled.

May all beings be happy.